JN024145

「つながる世界」の
サイバーリスク・マネジメント

東京電機大学
佐々木良一 [監修]
日立コンサルティング
木下翔太郎 [著]

「Society 5.0」時代の
サプライチェーン戦略

東洋経済新報社

「つながる世界」の
サイバーリスク・マネジメント

目　次

序章 「つながる世界」の光と陰

第1章　つながることで生まれる新たな社会

第2章　つながる世界の事業機会とサイバーリスク対応の関係

序 章

「つながる世界」の光と陰

I デジタル革新がもたらす様々な事業機会と変化

デジタル技術の活用により進む社会とビジネスの変革

　デジタル技術の活用がこれからの時代における国家や企業の成長にとって重要な鍵であることは間違いない。既に、デジタル技術を活用し、洗練されたビジネスモデルを擁する企業が躍進していることは周知の事実である。その事実を端的に示しているのが図表0-1である。

　1992年と2019年の時価総額ランキングの双方でランクインしている企業は存在しない。1992年はエクソンモービルやウォルマート・ストアーズ、GE等、石油業、小売業、製造業、通信業、金融業関連の企業が上位を占めているが、現在に至る27年の間に様相は全く変わっている。特に、2019年における上位がIT産業の巨人に占められていることが目立つ。

図表0-1　1992年と2019年の時価総額ランキング（グローバル）[1]

順位	1992年	時価総額 （単位：億ドル）	2019年 （6月末時点）	時価総額 （単位：億ドル）
1	エクソンモービル	759	マイクロソフト	10,265
2	ウォルマート・ストアーズ	736	アマゾン・ドット・コム	9,323
3	ゼネラル・エレクトリック（GE）	730	アップル	9,106
4	NTT	713	アルファベット（Google）	7,511
5	アルトリア・グループ	693	フェイスブック	5,509
6	AT&T	680	バークシャー・ハサウェイ	5,219
7	コカ・コーラ	549	アリババ・グループ・ホールディングス	4,384
8	パリバ銀行	545	テンセント・ホールディングス	4,371
9	三菱銀行	534	ジョンソン＆ジョンソン	3,698
10	メルク	499	JPモルガン・チェース	3,627

1　各種公開情報を参考に筆者作成。

こうした企業が、ビジネスで並外れた結果を出すことができる要因のひとつとして、大規模な利用者のデータを集積・利活用する、データを基本とするビジネスモデルを構築していることがある。彼らは、自らのプラットフォーム上で活動するユーザーの行動データ（例：Webページの検索行動、オンラインショッピングサイトにおける購買行動）を大量に取得し、高度なデータ分析を通じて得た知見をターゲティング広告等に活用することでユーザーに魅力的なサービスを提供している。

　データは、今後、様々な産業において新たなサービスやアプリケーションの「原料」となり、加工や分析等のプロセスを経て大きな価値を生み得ることから、「21世紀の石油」[2]と言われている。まさに、マイクロソフトやアマゾン・ドット・コム等のIT産業の巨人は、データと、そこから得られる知見を使ってビジネスを駆動している現在の代表的なプレイヤーであり、図表0-1における時価総額の高さは彼らに対する市場の期待を反映している。

　「21世紀の石油」たるデータの利活用に秘められたポテンシャルを最大限に活用するため、各国の政府機関や業界団体がしのぎを削っている。特に、各国で動きが活発なのは、これまで業務等が十分にデジタル化されていなかった健康・医療・介護、製造現場、自動車の走行等の分野である。近年、各国で実行されている代表的なイニシアチブを図表0-2に示す。

　データの利活用競争に各国がしのぎを削るのは、IoTやデータの活用により進むと考えられている「第4次産業革命」を通じて多大な経済効果が生まれると見込まれるからである。総務省によれば、IoT（Internet of Things）・AI（Artificial Intelligence）の活用が進展することによる実質GDP（国内総生産）の押し上げ効果は2030年で132兆円と推計されている[3]。2017年の日本のGDPはおよそ546兆円とされていることから、第4次産業革命が及ぼす影響が非常に大きいことが窺い知れる。各国の政府や業界団体のみならず、個々の事業者も、自身の事業領域において将来的に生じ得る市場の変化を予測し、この巨大な市場で覇権を握るために、競合に先立つ形で主

2　World Economic Forum "Personal data: the emergence of a New Asset Class" 2011年。
3　総務省情報通信国際戦略局情報通信経済室（委託先：株式会社情報通信総合研究所）「IoT時代におけるICT経済の諸課題に関する調査研究 報告書」2017年。

図表0-2　各国におけるIoTやデータの活用を促進するためのイニシアチブの例

日本	米国	ドイツ	中国
Society 5.0・Connected Industries	Industrial Internet Consortium	Industrie 4.0	中国製造2025

体的に第4次産業革命（Society 5.0）を見据えた取組みを進めることが今まさに求められている。

変化する産業構造と新たなる事業機会

　単なる経済規模だけでなく、第4次産業革命を通じて、既存の産業構造も大きく変わる可能性を秘めている。業種の壁が低くなり、同業同士の再編に加え、全く別の産業も飲み込み新たなサービスプラットフォームを創出する変化が多いと予想される。

　その具体例として、巨大IT企業であるアルファベット（Google）やアマゾン・ドット・コム、中国のアリババ・グループ・ホールディングスやバイドゥ等は、既に勝利を収めているサイバー領域から、既存プレイヤーとの協業や単独での参入等を通じて、製造やモビリティ、ヘルスケア等の物理領域へとサービスの範囲を拡大している。データの利活用の範囲は、サイバー空間におけるユーザーの行動（例：Webページの検索行動、オンラインショッピングサイトにおける購買行動）から、フィジカル空間（現実空間）における健康・医療・介護、製造現場、自動走行等、IoTを活用して収集されたデータに拡大しつつある。収集・利活用されるデータが拡大することを通じて、製造業等は製品売り切りモデルからサービス提供モデルというビジネスモデルへ移行し、サービス業等はよりスマートなサービスに転換することが予想される。産業構造やビジネスモデルにおける変化は、自社や取引先等から構成されるサプライチェーンの変化ももたらす。企業は、産業構造やサプライチェーンにおける変化を正しく認識し、自社の事業領域や事業内容を絶えず再考することが必要となる。

　そこで、注目されているのが、デジタル技術を活用したビジネスモデルの変革である。これまでITシステムはどちらかと言えば事業の補助ツールと

して位置づけられ、IT企業以外の組織にとってはコストとして扱われることが多かった。しかし、第4次産業革命が進む時代では、ITシステムが事業と一体化することでビジネスモデル自体を変革する事業のコアとなる。この変化こそが、いわゆる「デジタル・トランスフォーメーション[4]」（DX）である。今後、データの利活用の範囲がますます拡大する中、あらゆる産業でデジタル技術の高度な活用を進めていくことがグローバルなデファクトスタンダードとなっていく。

第4次産業革命の時代とは、より多くのヒトやモノ、システム等が"つながる"ことで価値を創出する世界と言える。

"つながる世界" における事業リスクの変化

本書では、図表0-3に示すように、Society 5.0で重要な役割を果たす以下3種類の「つながり」を扱う。

1　製品またはサービスを取り扱う「企業間のつながり」
2　IoTの活用により実現する「フィジカル空間とサイバー空間のつながり」
3　組織間でデータを流通させて利活用する「サイバー空間におけるつながり」

上記3種類のつながりの確立は、新たなビジネスの可能性だけでなく、新たな観点の事業リスクも企業にもたらすこととなる。例えば、IoTの利活用が進み、「フィジカル空間とサイバー空間のつながり」の重要性が増すことを通じて、インターネットやITシステム等により構成されるサイバー空間[5]の事象がフィジカル空間の事象に、フィジカル空間の事象がサイバー空間の

4　IT専門調査会社のIDC社では、「企業が外部エコシステム（顧客、市場）の破壊的な変化に対応しつつ、内部エコシステム（組織、文化、従業員）の変革を牽引しながら、第3のプラットフォームを利用して、新しい製品やサービス、新しいビジネスモデルを通して、ネットとリアルの両面での顧客エクスペリエンスの変革を図ることで価値を創出し、競争上の優位性を確立すること」という定義をなしている。
5　ここでは、経済産業省「サイバー・フィジカル・セキュリティ対策フレームワーク Version 1.0」2019年を参照し、「コンピュータシステムやネットワークの中に広がる仮想空間」を意味するものとする。

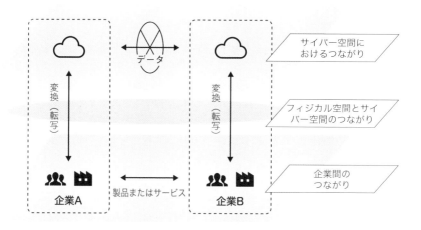

事象に互いに影響を与えるようになる。

　これは一見将来的な問題であるようにも思えるが、既に具体的な事案が発生している。代表的な事案に、2015年7月に米国メディアWIREDに掲載されたFCA（Fiat Chrysler Automobiles）社のJeep Cherokeeにおける事案がある[6]。本件では、セキュリティ研究者が、Jeep Cherokeeの車載システムである"Uconnect"の脆弱性を突いて、遠隔からラジオや音楽プレイヤー等のマルチメディアシステムだけでなく、本来それらと直接接続されていないハンドルやエンジン、トランスミッション、ブレーキシステム等の重要な構成要素の遠隔操作に成功している。また、本事案は多数の報道により世間の注目を集めた結果、FCA社による140万台のリコール（回収・無償修理）につながっている。

　また、2015年12月にはウクライナ西部でサイバー攻撃による140万世帯、6時間にわたる大規模停電が発生している[7]。攻撃者は、標的型メール攻撃により対象の情報システムに侵入し、変電所を管理する制御システムに不正アクセスすることで停電という物理的な被害を引き起こした。停電を通じて、

6　WIRED「Hackers Remotely Kill a Jeep on the Highway—With Me in It」2015年7月21日。
7　後藤厚宏「重要インフラ等におけるサイバーセキュリティの確保」（URL：https://www8.cao.go.jp/cstp/gaiyo/sip/press/cybersecurity1.pdf）2018年。

人々の生活や企業の経済活動に多大な影響が及んだことは想像に難くない。

　これらの事案は、サイバー空間とフィジカル空間のつながりが密接になり、サイバー空間への依存が高まることにより、サイバー空間における事象が、（場合によっては人の判断を介して）フィジカル空間にも悪影響を及ぼし得るということを示している。さらに、FCA社の事案は、自社製品のリコールにまでつながっており、一説には1000億円以上と言われる多額の対応費用を計上している[8]が、サイバー空間とフィジカル空間のつながりが密接になることに伴うリスクが、顧客等が企業やその製品・サービスに寄せる信頼を揺るがし、事業全体に大きな影響を及ぼし得ることを示唆している。

　「信頼」（trust）は、ビジネスのみならず、社会におけるあらゆる活動を支える根幹である。信頼に足る組織や人物、製品等は、広義の「信頼性」（trustworthiness）[9]という特性を有する。上記の自動車の例であれば、安全性（セーフティ）は市販される自動車に備えられなければならない「信頼性」の一部をなしている。企業は、従来から自社の提供する製品やサービスの信頼性を確保する取組みの一環として、取引先等とも協力しながら安全性や動作の正確性等の向上に取り組み、競合企業との差別化に活かしてきた。今後もそれが重要であることに変わりはないが、以上で触れた新たなインシデントの事例は、従来から進む"ソフトウェア制御の進展"、製品の"コネクテッド化"を通じて、製品やサービスの信頼性確保に、これまでにない新たな次元の取組みが必要になっていることを強く提起している。

　また、「信頼性」を単一の事業者だけで確保するのは現実的ではない。多くの事業者は、自らのミッションとビジネス機能を遂行するにあたり、サプライヤーやITサービスプロバイダー等の取引先に大きく依存している。

　産業構造やサプライチェーンが変化する中で、取引先等と連携して新たな観点から生じるリスクに適切に対応し、自身が提供する製品やサービスの信

8　"Cybersecurity and manufacturers: what the costly Chrysler Jeep hack reveals"（https://www.welivesecurity.com/2015/07/29/cybersecurity-manufacturing-chrysler-jeep-hack/）を参照。

9　情報処理の分野では、「信頼性」という言葉を"reliability"の翻訳として、「アイテムが与えられた条件で規定の期間中、要求された機能を果たすことができる性質」（JIS-Z8115:2000『信頼性用語（Glossary of Terms Used in Reliablity）』）としばしば定義することがあるが、本書で「信頼性」を用いる場合は、専ら"trustworthiness"の翻訳として用いる。「信頼」（trust）と「信頼性」（trustworthiness）に関するより詳細な記載は、第3章を参照のこと。

頼性を確固たるものとしていくことが、今後到来する"つながる世界"で顧客やその他のステークホルダーから信頼を獲得し、事業機会を掴むための必要条件となるだろう。

Ⅱ 本書の狙いと構成

　Ⅰで述べた点を背景として、本書では以下の3つのポイントについて理解を深めていく。3つのポイントを通じて、つながる世界におけるビジネスとリスクとの関係、新たなリスクへの対応について知見を獲得し、適切なリスクマネジメントを実施しながら今後のビジネスを加速していただくことが本書の狙いである（図表0-4）。

つながることを通じたビジネスとサプライチェーンの構造変化（第1章）

　IoTやデータの利活用により、既存の産業構造やビジネスモデルには大きな構造変化が既に起こり始めている。第1章、第2章の一部では、つながる世界の実現に向けた政策やビジネスの一般的な動向を押さえ、Society 5.0における注力分野とされる個別の領域における産業構造やビジネスの変化も参照しながら、予想されるサプライチェーンの変化について述べていく。読者には、これらの内容から、将来的に訪れる「つながる世界」の概要とその重要性について理解していただきたい。Society 5.0やIndustrie 4.0等の第4次産業革命に向けた各国の動向について、既に基礎的な知識のある読者は第1章をスキップしてもよいだろう。

つながる世界における事業リスクの変化（第2章）

　IoTやデータの利活用等を通じたサプライチェーンの構造やビジネスモデルの変化は、新たなリスクを企業にもたらす。第2章では、企業及びそのサプライチェーンの信頼性の高いオペレーションに不確実性をもたらす脅威の動向や、新たに立ち上がりつつある各国のルール形成動向について述べていく。読者には、自組織単独ではなく取引先等とも連携しながらリスク対応や規制対応を実施することが必要になりつつある点について理解していただき

図表0-4　本書の構成

章番	概要	主な想定読者
第1章	今後の事業におけるデータやデジタル技術の重要性、それを踏まえたビジネスや政策の動向を確認し、IoTや組織を跨るデータの利活用が普及していく世界における競争の姿を概観する。	●事業企画担当者 ●リスクマネジメント担当者 ●情報システム担当者 ●調達担当者
第2章	つながる世界において想定されるリスクについて、技術的な脅威、民間企業における対応状況、政府による規制を含む政策の動向という観点から述べる。	●事業企画担当者 ●リスクマネジメント担当者 ●情報システム担当者
第3章	つながる世界におけるサイバーリスク[10]対応の枠組みを提示している「サイバー・フィジカル・セキュリティ対策フレームワーク Version 1.0」を参照しながら、つながる世界の全体像の捉え方を述べる。	●リスクマネジメント担当者 ●情報システム担当者 ●調達担当者
第4章	サプライチェーン、IoT、組織を跨るデータの流通という新しく対応を求められている3領域における具体的なリスク対応について述べる。	●リスクマネジメント担当者 ●情報システム担当者 ●調達担当者
終章	つながる世界のビジネスにおいて信頼を確保することの意味とその重要性について述べる。	●事業企画担当者 ●リスクマネジメント担当者 ●情報システム担当者

たい。

つながる世界にて重要性を増すサイバーリスク対応の概要（第3章、第4章）

　第2章で述べるようなリスクを管理しつつ新たなビジネスを進めるため、第3章と第4章では、経済産業省から2019年4月に公開されている「サイバー・フィジカル・セキュリティ対策フレームワーク Version 1.0」を参照しながら、読者には、つながる世界のリスク対応における重要度の高い観点（サプライチェーン/IoT/組織を跨るデータの流通）ごとに、対策実施プロセスの考え方、具体的な対策について理解していただきたい。

　本書全体を通じて、様々な立場で事業を推進していく立場にある皆様が、今後訪れる「つながる世界」で組織が直面するリスクをビジネスの成長や改

10　本書では、サイバーリスクを、「情報または情報システム、その他のネットワークにつながった資産への不正なアクセスや、不正な利用・開示、改ざん、破壊を通じて、組織のオペレーション（ミッション、機能、イメージ、評判を含む）、組織の資産、個人、他の組織、及び国家に及びうるリスク」を意味するものとする。

善の機会に変えるヒントを得ていただければ幸いである。

第 1 章

つながることで生まれる
新たな社会

デジタル時代における
データを巡るこれまでの競争

IoTや組織を跨るデータの利活用等を通じたデジタル化の更なる進展は、既存の産業構造や事業リスクの性質を大きく変えるものと認識されており、民間企業や各国政府の活発な取組みが進められている。

本節では、データがビジネス上重要な「資源」とみなされるようになったことの意味、データを活用した現在の代表的なビジネスの姿を述べていく。

1-1-1 「データ」＝「21世紀の石油」

「データは21世紀の石油」という言葉が様々な場所で聞かれるようになった。石油は、20世紀において、自動車、飛行機、船舶等の動力、発電装置の原料、または、プラスチックやナイロン等の合成繊維の原料として現代の生活になくてはならないものと誰もが認識している。90年代以降のインターネットの普及や、オンラインサービスの発展、最近のIoTの進展を通じて、これまでデジタルデータ[11]となることのなかった実社会の様々な情報が大量にデジタル化され、いわゆる「ビッグデータ」として得られるようになった。そうした大量のデータから価値を創出し、ビジネス課題に答えを出す「データサイエンティスト」は「21世紀で最もセクシーな職業」とも言われている。今世紀におけるデータも、農業から製造業、サービス業に至る様々な産業における新たなサービスやアプリケーションを生み出す「原料」として機能すると考えられている。序章で述べたように、総務省による推計では、IoT・AIの活用が進展することによる日本における実質GDPの押し上げ効果は2030年で最大132兆円とされている。また、McKinsey Global Institute analysisによる推計では、IoT及びデータの利活用を通じたグローバル規模での経済効果が2025年には最大で1177兆円程度となるという推

---

11 本書で「データ」という用語を用いる場合、「電子化された情報」、つまり「デジタルデータ」を意味するものとする。

計[12]が出されている。いずれも経済がデジタル技術の発展とそれに伴うデータの利活用を通じて非常に大きな影響を受けることを示唆している。

　石油はそれ自体、単なる「燃える液体」であるが、動力源や化学繊維の原料等の様々な「使い道」を得ることで、20世紀を代表する資源となった。データも、それ自体に物的価値があるわけではないが、AI等の加工・分析技術の高度化、以前までは実現できなかった魅力的なユースケースの開発、自組織や顧客ひいては社会全体に利益をもたらすビジネスモデルの構築等を通じて、20世紀における石油のような価値をもたらす可能性を秘めている。

1-1-2　デジタル時代における競争の「第1幕」

　「インターネット元年」と呼ばれた1995年以降、インターネットやパソコン、スマートフォン等のモバイル端末の普及を通じて、流通するデータの量は増大し続けている。その中で、革新的なビジネスや市場を生み出し続けるイノベーションの担い手となっているのが、**図表1-1**に示すような"デジタル・プラットフォーマー[13]"と呼ばれる企業群である。

　デジタル・プラットフォーマーには、**図表1-2**に示すように、共通して以下のような特徴がある[14]。

- プラットフォームのもとに異なる複数の利用者層が存在する多面市場となる
- ある利用者層の中での直接ネットワーク効果が働くのみならず、異なる利用者層間での間接ネットワーク効果が働くため、独占化、寡占化が進みやすい
- データの複製に係る限界費用が小さいなど、一般に生産コストが低く、規模が拡大し続けても単位当たりのコストの低下が止まらず、規模の経済が働き続ける

12　"THE INTERNET OF THINGS: MAPPING THE VALUE BEYOND THE HYPE 2015" (McKinsey Global Institute analysis, 2015)。

13　本書では、デジタル・プラットフォーマーを巡る取引環境整備に関する検討会「デジタル・プラットフォーマーを巡る取引環境整備に関する中間論点整理」2019年に倣い、デジタル・プラットフォーム（オンライン・プラットフォーム）を運営・提供する事業者（Digital Platform Operator）という意味で「デジタル・プラットフォーマー」という用語を用いている。

14　総務省「令和元年版　情報通信白書」2019年を基に筆者作成。

主要分野	企業	事業概括	プラットフォームビジネス拡大に向けた取組
広告・検索	Google	世界最先端の検索エンジン企業で、検索広告を中心とする巨大な経済圏を展開中	PFビジネスを強化しており、検索/広告以外の分野への拡大を模索
	Baidu	中国最大の検索エンジン企業で、検索広告を中心とする巨大な経済圏を展開	iQiyiなどのコンテンツ配信サービスに加え、決済といった他分野への事業展開を図る
	ヤフー	ポータルサイトYahoo! JAPANによる広告事業やヤフオクなどのコマース事業を中心に経済圏を展開	コンテンツ配信サービスや金融決済などの事業を展開しており、様々な分野への拡大・連携を模索
電子商取引（CtoCを含む小売取引）	Amazon	世界最先端のEC企業で、幅広い事業ドメインによる巨大な経済圏を展開中	PFビジネスを強化しており、世界最大のクラウド事業（AWS）を展開、CDNもトップシェア
	Alibaba	世界最大規模のEC企業で、230以上の事業ドメインを持つ巨大な経済圏を展開中	PFビジネスを強化（汎用機能を次々とPF化）しており、またID統合によりデータ活用の最先端を走る
	楽天	日本最大規模のECを中心に、「インターネットサービス」「FinTech」等の事業を通じた「楽天経済圏」を展開中	楽天市場等で収集したユーザーデータ等を活用して、他の各種サービスを高度化
	メルカリ	CtoCマーケットプレイス「メルカリ」を中心に、スマホを利用した様々なアプリ（サービス）を模索中	プロダクトの改善等を目的として様々なデータ（商品トレンド、利用者行動など）を分析・活用
SNS・アプリ	Facebook	世界最大のSNS企業で、コンテンツ・決済等事業領域を拡張し、巨大な経済圏を展開中	FacebookのPFは、モバイルアプリ対応のAI、VR/ARが特徴的
	Tencent	世界最大のゲーム企業で、SNS、決済等事業領域を拡張し、巨大な経済圏を展開中	事業分野拡大に加えPFに関してもアリババを猛追、モバイル決済、モバイルアプリPFが特徴的
	LINE	コミュニケーションアプリ「LINE」をサービスプラットフォームとして、SNSやエンタテイメント系サービスを展開	金融（LINE Pay）、通信（LINEモバイル）といった他分野へも事業を展開
端末・ソフトウェア小売	Apple	スマホ（iPhone）を核とした世界最大のネット・デジタル家電の製造小売として、巨大な経済圏を展開中	クラウド（iCloud）事業を拡大中。近年はコンテンツ配信などにも乗り出す
	Microsoft	WindowsやOfficeなどのソフトウェアを提供する世界最大のソフトウェアベンダーと同時にハードも展開	エンタープライズを主な対象として、クラウド（Azure）を中心とした事業を拡大中

- データがプラットフォームに集中することで、利用者にとってのサービスの価値が高まる一方、他のプラットフォームへのスイッチングコストは上昇し、独占化、寡占化が進みやすい

15　デジタル・プラットフォーマーを巡る取引環境整備に関する検討会「デジタル・プラットフォーマーを巡る取引環境整備に関する中間論点整理」2019年を参考に記載している。

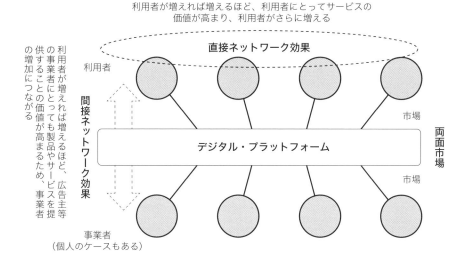

- 集積したデータを基本とするビジネスモデルが構築されると、それにより さらにデータの集積・利活用が進むという競争優位を維持・強化する好循 環が生じる

　プラットフォーム型のビジネスは、異なる複数の立場を結びつけるという 自らの立場を活用して大量に集積されたデータを活用したサービスを利用者 や事業者に提供し、利用者や事業者にとってのサービスの価値（効用）を高 めることで、更なる競争優位を築くことができる非常に強力なモデルであ る。データを利活用すべきと言っても、そもそも活用するデータがなければ データを利活用したビジネスを現実化することは不可能であり、逆に、多様 なデータを所有しているプレイヤーであれば、様々なビジネスへ活用するこ とが可能となる。

　現在、グローバル規模で巨大なプラットフォームを築くことのできている 日本企業はほとんどない。デジタル時代のデータ獲得競争の「第1幕」がオ

ンラインサービスにおける検索履歴、購買履歴等の「バーチャルデータ[16]」
の獲得競争だとすれば、その勝者はGAFA[17]やBAT[18]と総称される海外のデ
ジタル・プラットフォーマーだと言える。

1-2 デジタル時代における データを巡るこれからの競争

　前節では、今後のビジネス環境においてデータを利活用することの重要性
が高まっていること、これまでのデータ利活用ビジネスの主戦場であるオン
ラインサービスではデジタル・プラットフォーマーに検索履歴や購買履歴等
のサイバー空間での活動から生じるデータである「バーチャルデータ」とコ
ンテンツが集中したことを述べた。

　本節では、既に始まりつつあり、今後より重要な位置づけとなる健康・医
療・介護、製造現場、自動走行等のフィジカル空間の活動についてセンサー
等により取得されるデータ（リアルデータ）の利活用に向けた動向と、それ
が産業に与えるインパクトについて以降で述べていく。

1-2-1 「第2幕」＝サイバー空間とフィジカル空間の高度な融合
産業用途のIoT導入の進展

　スマートフォンやタブレットのような携帯端末の普及を通じて、オンライ
ンサービスを主として提供するGAFA等のデジタル・プラットフォームが
成長した。現状は、依然としてインターネット等に接続されず、データを収
集、活用されることなく非効率性を残したまま利用され続けている機器が多
く残されている状況にある。

16　産業構造審議会 新産業構造部会事務局『「新産業構造ビジョン」一人ひとりの、世界の課題を解
　　決する日本の未来』2017年。
17　Google、Amazon、Facebook、Appleの4つのIT企業の頭文字を取って総称する呼称。
18　Baidu、Alibaba、Tencentの3つの中国IT企業の頭文字を取って総称する呼称。

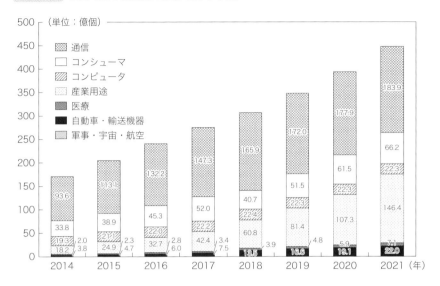

図表1-3 世界のIoT機器数の推移および予測[19]

（単位：億個）

凡例：
- 通信
- コンシューマ
- コンピュータ
- 産業用途
- 医療
- 自動車・輸送機器
- 軍事・宇宙・航空

そのような非効率性をデータを利用して打破するためには、まずは現状を正しく把握するためのデータを収集することが不可欠となる。そこで重要となるのが、ネットワークにつながりフィジカル空間の状況をデジタルデータ（リアルデータ）に変換するIoT機器（例：温度センサー、カメラ）の存在である。図表1-3に示すように、今後は、スマートフォンや通信機器等のモバイル端末の普及とともに従来から成長してきた「通信」に加え、コネクテッドカーの普及によりIoT化の進展が見込まれる「自動車・輸送機器」、デジタルヘルスケアの市場が拡大している「医療」、スマート工場やスマートシティが拡大する「産業用途（工場、インフラ、物流）」等でIoT機器の利用が大きく増加することが予測されている。これまでのオンラインサービスにおける行動履歴等の「バーチャルデータ」の活用を超えて、フィジカル空間における人の行動履歴や機器の稼働データ等の「リアルデータ」が活用可能となることで、データの利活用は新たなステージに入っていく。

19 総務省「平成30年版 情報通信白書のポイント」2018年を基に筆者作成。

各国政府機関等における産業分野のIoT推進に向けた活動

　日本を含む先進各国では、IoTを通じたリアルデータの利活用に関する様々な取組みが進められている。コンセプトとして各々共通する部分も大きいが、国により取組みの範囲や志向に差異も見られる。以下では、米国、ドイツ、中国、日本の代表的な取組みについて順に概要を述べていく[20]。

① 　米国における産業分野のIoT推進の動き（Industrial Internet Consortium）

　米国では産業向けIoTビジネスについて事業者主導で取組みが進められており、Industrial Internet Consortium（IIC）が中心となっている。組織名にあるインダストリアルインターネット（Industrial Internet）は、2012年にGE（General Electric）が提唱した概念である。明確な定義がなされているわけではないが、「デジタルと機器をより密接に調和させることによって、全世界の産業に大きな変化をもたらすだけでなく、同時に、人々の日常生活や仕事の進め方など、多くの側面に変革をもたらす可能性[21]」があるとされている。こうした世界観は、**図表1-4**に示すような、フィジカル空間でIoT機器を用いて収集したデータを、サイバー空間上で解析し、その結果をフィジカル空間にフィードバックするというサイバー・フィジカル・システムを通じて実現される。

　IICは、2014年にGEが中心となり米国企業5社（AT&T、GE、IBM、Intel、CISCO）を発起人として設立された。2019年8月現在、約200の組織がメンバーとして参画している。日本からも富士通、日立製作所、三菱電機、日本電気（NEC）、東芝等、多数の企業が参加しており、ドイツIndustrie 4.0（後述）との連携も実施されている比較的オープンな場である。

　Industrie 4.0がドイツの基幹産業である製造業を重視しているのに対して、IICではより広く、製造業、エネルギー、ヘルスケア、運輸、公共サービスの5分野が重点分野とされている。IICの主要なアウトプットとしては、1. ユースケース、2. アーキテクチャ／フレームワーク、3. テストベッド（実

20　本箇所では全体として、経済産業省「2019年度版 ものづくり白書」2019年を参照している。
21　Peter C. Evans and Marco Annunziata「Industrial Internet: Pushing the Boundaries of Minds and Machines」2012年。

図表1-4　サイバー・フィジカル・システムにおけるデータループ[22]

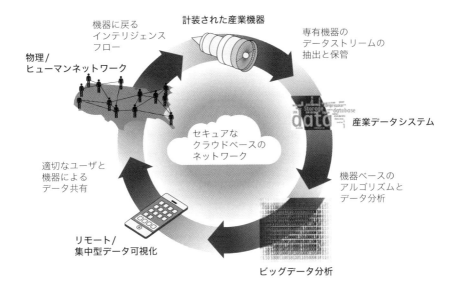

装、実行環境）が挙げられている。1.や3.を重視する姿勢からは、実装を重視するインターネット標準と似た、より実利主義的な精神が感じられる。参加企業には、1.から3.の共有リソースを協調領域として活用しつつ、競争領域として、実装可能で社会的なニーズを捉えた製品やサービスを開発することが求められる。

② ドイツにおける産業分野のIoT推進の動き（Industrie 4.0）

Industrie 4.0とは、2011年に公布されたHigh-Tech Strategy 2020 Action Planにおけるドイツ政府の戦略的施策の1つであり、「価値創造に関与するすべてのインスタンスがネットワークにつながっていることで、すべての関連データがリアルタイムで常に利用可能であり、そのデータからそれぞれの時点で最適な価値創造フローを導出することができるという能力[23]」を通じ

22　出典は21と同様。
23　日本貿易振興機構（JETRO）ベルリン事務所 海外調査部 欧州ロシア CIS 課 「Umsetzungsstrategie Industrie 4.0 Ergebnisbericht der Plattform Industrie 4.0（翻訳版）」2015年。

て、ドイツ製造業の競争力を向上させることを狙っている。言い方は異なるが、IICと同様、サイバー・フィジカル・システムの実現を通じて競争力の強化を図ろうとするものと捉えられる。また、IICが民間中心であったことと比べ、こちらは官民連携しての取組みという色がより濃い。

Industrie 4.0のコンセプトの中心にあるのは、「スマート工場」（Smart Factory）である。これは工場内のあらゆる機械設備や管理システムをインターネットに接続し、そのことによって製造プロセスを円滑化、効率的に少量多品種、高付加価値の商品を大規模生産するための仕組みを指している。工場のスマート化を通じて実現するビジョンとして重要なものには下記が挙げられる。

1. ダイナミックセル生産
従来の「ライン生産」と「セル生産」の長所をミックスして、AIやIoTを活用しながら、少量多品種、高付加価値の製品の大規模生産を実現する生産方式である。ラインの工程を分類して数種類に分け、各工程の組み立て用ロボットが、ネットワークを通じてクラウドシステムや、周囲の装置、現場の作業者などと情報を交換し、状況に応じて最適化された数、種類の生産を進める。

2. マスカスタマイゼーション
ダイナミックセル生産を進めることで、コストを増大させることなく、タイムリーに、多様な顧客ニーズを反映した製品を「ロットサイズ1」から生産して市場に提供する製造手法を指す。

こうしたIndustrie 4.0のビジョンの実現には、20年はかかると見られているが、5年から10年で取組みの効果が現れてくると見る向きもある。ドイツ製造業のデジタル化を推進する中核組織であるPlatform Industrie 4.0やハノーバーメッセ等で各種成果が発表されているため、IICと同様、今後の動向を注視しておく必要がある。

③　中国における産業分野のIoT推進の動き（中国製造2025）

　中国は、過去数十年における経済の急拡大を経て、既に製造業の付加価値において米国やドイツを上回る世界トップの「製造大国」となっているものの、情報化の水準や品質、生産効率等において依然として遅れをとっており、「製造強国」とはなっていない。また、東南アジア諸国やインド等の新興国によるキャッチアップが進んでおり、コストだけで競争力を維持していくことが困難となっている。そのような背景の下、前述した米国とドイツの動きも踏まえ、中国政府は2013年から製造強国戦略研究を立ち上げ、2015年5月に「中国製造2025」（Made in China 2025）戦略計画を公表している。

　「中国製造2025」では、10年ごとに設定された3ステップで製造強国化の実現を目指している。ステップ1では2025年までに製造強国の仲間入りを果たし、ステップ2では2035年までに製造強国の中位レベルに到達、ステップ3では建国100周年の2049年までに製造強国の先頭グループに入ることを目標に掲げている。

　これらの目標を達成するため、「中国製造2025」では、**図表1-5**に示す9大戦略目標と5大プロジェクト、10大重点産業分野を定めている。9大戦略目標の中では、目標2の「情報化・工業化融合の深化」を主軸に、スマート製造を核として推進するとされている。また、10大重点産業分野については、次世代情報通信技術（1分野）、ハイエンド設備（7分野）、新材料（1分野）、バイオ医療（1分野）の4つに分けられ、ハイエンド設備は国民経済や国防安全の核として進められる。

　なお、「中国製造2025」と関連して、2015年3月の第12期全人代第3回全体会議にて、インターネットと製造業の融合に関する行動計画である「インターネット・プラス」が公表されている。こちらは、「中国製造2025」と同時期に策定されていることから、相互に関連しているとみて間違いない[24]。サイバー・フィジカル・システムによって収集した多様で大規模なデータを、分析・知識化して創出される情報・価値によって、産業の活性化や社会問題の解決を図っていくことが「インターネット・プラス」の根本的なアイ

24　李立栄『製造業の競争力強化を図る「中国製造2025」の狙いと今後の課題 ―期待される金融面の支援―』（『野村資本市場クォータリー』2015 Autumn）2015年。

図表1-5　中国製造2025の戦略目標と重点プロジェクト[25]

9大戦略目標

1 国家製造業イノベーション能力の向上
2 情報化・工業化融合の深化（スマート製造）
3 製造業分野の基礎技術強化
4 グリーン製造の全面推進
5 10大重点産業分野の革新的発展
6 品質・ブランド構築の強化
7 製造業構造の調整深化
8 サービス型製造と生産性サービス業の発展
9 製造業の国際化水準引き上げ

戦略サポート

1 体制・制度改革	5 人材育成システム
2 公平な競争環境	6 中小企業
3 金融の支持	7 対外政策の拡大
4 財政の支持	8 実施体制

5大プロジェクト

1 製造業イノベーションセンター設立プロジェクト
2 スマート製造プロジェクト
3 工業基礎力強化プロジェクト
4 グリーン製造プロジェクト
5 ハイエンド設備イノベーションプロジェクト

10大重点産業分野

1 次世代情報通信技術
2 先端デジタル制御工作機械とロボット
3 航空・宇宙設備
4 海洋工程設備・ハイテク船舶
5 先進軌道交通設備
6 省エネルギー・新エネルギー自動車
7 電力設備
8 新材料
9 バイオ医薬・高性能医療機器
10 農業機械設備

ディアであり、先述したIICやIndustrie 4.0の発想とも共通している。「中国製造2025」と「インターネット・プラス」で打ち出された施策、支援策が同時進行することを通じて、中国の製造業、ひいては産業全体が変革される可能性がある。

④　日本における産業分野のIoT推進の動き（Society 5.0）

　米国、ドイツ、中国の動向と同様、日本でもIoTを通じたリアルデータの利活用を前提とした新たな社会像（Society 5.0）の提案がなされている。Society 5.0は、2016年1月に閣議決定された第5期科学技術基本計画に初めて現れた概念である。「サイバー空間（仮想空間）とフィジカル空間（現実空間）を高度に融合させたシステムにより、経済発展と社会的課題の解決を

25　頼寧『GLOBAL INNOVATION REPORT 進化し続ける「世界の工場」―「中国製造2025」に見る製造強国戦略―』（日立評論2017 Vol.99 No.6）2017年。

両立する、人間中心の社会（Society）[26]」と定義されており、IICやIndustrie 4.0のビジョンと同様、サイバー・フィジカル・システムによる競争力強化や社会問題の解決を目指すものと捉えられる。

図表1-6のように、Society 5.0の戦略分野として9分野が選ばれている。書き振りが異なるため、単純な比較はできないが、これはIICやIndustrie 4.0と比較しても対象とする範囲が広いと考えられる。それぞれの重点分野に対して、官民が連携して施策を推進している。また、各分野における取組みの共通的な基盤として、データ駆動型社会の共通インフラの整備（基盤システム・技術への投資促進、AI時代に対応した人材育成と最適活用、イノベーションを生み出す大学改革と産学官連携）、大胆な規制・制度改革（サンドボックス制度の活用と、縦割り課題からの転換、プラットフォーマー型ビジネスの台頭に対応したルール整備）を掲げており、分野ごとの取組みと分野共通の取組みが両輪で推進されている。

利活用するデータを流通させる信頼できる枠組みの構築

以上で見た4国の動きに共通するのは、フィジカル空間とサイバー空間の関係を密にするサイバー・フィジカル・システムの実現を通じて、社会問題の解決や産業競争力の向上という課題に立ち向かおうとしている点である。これは近い将来のビジネスの鍵が、「リアルデータ」活用の成否になるという各国の見立てを如実に表している。デジタル・プラットフォーマーの台頭が顕著であった「バーチャルデータ」の獲得・活用競争に続く、「リアルデータ」をめぐる競争が既に始まっている。

データが石油に例えられるものならば、データを活用ニーズのあるところへ流通させる仕組みが必要である。石油と同様、データは必要とされるものがどこでも創出されるものではないからだ。その点が、Society 5.0における分野共通の試みである「データ駆動型社会の共通インフラの整備」でも意識されている。このような取組みの背景として、有用な「バーチャルデータ」が特定のプレイヤー（デジタル・プラットフォーマー）に集中している現状

26　内閣府HP "Society 5.0" (https://www8.cao.go.jp/cstp/society5_0/index.html)。

図表1-6　Society 5.0の重点分野と取組みの概要[27]

重点分野名称	取組みの概要
次世代モビリティ・システムの構築	世界では自動運転の開発・社会実装競争のみならず、移動に関する様々なサービスに横串を刺しての競争も開始されており、日本において世界に先駆け、自動運転および公共交通全体のスマート化を含む「次世代モビリティ・システム」を実現する。
次世代ヘルスケア・システムの構築	個人・患者本位の新しい「健康・医療・介護システム」を2020年度からの本格稼働を目指して構築し、医療機関や介護事業所による個人に最適なサービス提供や、保険者や個人による予防・健康づくりを進め、次世代ヘルスケア・システムの構築と健康寿命の延伸を目指す。
エネルギー転換・脱炭素化に向けたイノベーション	デジタル技術を活用したエネルギー制御、蓄電、水素利用などのエネルギー転換・脱炭素化に向けた技術開発を進め、日本企業の能動的な提案・情報開示や金融機関・投資家との対話・理解を促し、ESG投資を促進する。
FinTech/キャッシュレス化	金融・商取引関連法制の見直しや、ブロックチェーン技術、タイムスタンプ等を用いた簡易かつ高セキュリティな本人確認手続の仕組みの構築等に関する検討を進める。
デジタル・ガバメントの推進	旧態依然としたアナログ型行政を転換し、民間のデジタル化の流れに遅れることなくデジタル時代に即した組織・サービスとしていくことで、世界最先端のデジタル社会の基盤を整備する。
次世代インフラ・メンテナンス・システム/PPP・PFI手法の導入加速	インフラの老朽化と中長期的な人手不足に対応し、インフラを適切に管理して良好な資産として次世代に引き継ぐため、徹底したデータ活用とロボット・センサーなどの新技術の開発・導入により、インフラメンテナンスの生産性向上とコスト効率化を大幅に進める。
農林水産業のスマート化	センサーデータとデータ解析による栽培管理の最適化、AIによる熟練者のノウハウの伝承可能化、ロボット、ドローンによる無人化・省力化や規模拡大・生産性向上を進め、サプライチェーン全体をデータでつなぎ、マーケティング情報に基づく生産と出荷の最適化やコストの最小化に向けた取組みを推進する。
まちづくりと公共交通・ICT活用等の連携によるスマートシティ	まちづくりと公共交通の連携を推進し、次世代モビリティサービスやICT等の新技術・官民データを活用した「コンパクト・プラス・ネットワーク」の取組みを加速するとともに、これらの先進的技術をまちづくりに取り入れたモデル都市の構築に向けた検討を進める。
中小・小規模事業者の生産性革命の更なる強化	中小企業・小規模事業者によるIT、ロボット導入を強力に推進するため、生産性向上特別措置法に基づく固定資産税の負担減免措置と「ものづくり・商業・サービス補助金」、IT導入補助金などの支援施策との相乗効果が発揮されるよう、中小企業の経営改善と連携したIT支援体制を強化する。

に対する憂慮がある。

　前述したように、利活用するためのデータを収集し活用するための取組みはグローバルな規模で推進されている。しかし、有用なデータが特定のプレ

　27　『未来投資戦略2018 ―「Society 5.0」「データ駆動型社会」への変革―』2018年。

イヤーに集中している場合や、サイロ化した仕組み（環境がサービスや機能ごとに独立してしまい、特定のサービスや機能を跨いで連携されない状況）が残る場合では、データの利活用を通じて想定されている効果が得られない可能性が高い。

　よって、組織等がデータを必要な場合に利活用できるようにするためには、データを組織やシステムを超えて流通できる、相互運用性が確保された枠組みが必要となる。

　一方で、その枠組みには、データの適切な保護が組み込まれているべきである。この必要性は、安倍総理大臣によるG20大阪サミット デジタル経済に関する首脳特別イベント演説（2019年6月28日）の以下の部分によく表れている。

　「……デジタル化は、各国の経済成長を後押しし、イノベーションを促進し、国際社会が直面している様々な課題を克服する大きな可能性を有しています。しかし、**急速に進行するデジタル化の潜在力を最大限活用するには、それに後れを取らない国際的なルールが不可欠であります**。中でもデジタル時代の成長のエンジンであるデータ流通、電子商取引に関するルールづくりは、急務であります。膨大なデータが世界を駆けめぐり、イノベーションが経済社会の様々な課題を解決していく。そのような環境をつくり出すには、**データ・フリー・フロー・ウィズ・トラスト、DFFTすなわち信頼たるルールの下でデータの自由な流通を促進しなければなりません**。この観点から、ＷＴＯでの電子商取引に関する交渉を進めていく必要があります。」

　データの自由な流通には「信頼に足るルール」が必要とされているが、利活用するデータを流通させるための制度的、技術的な仕組みの構築がここ数年で進みつつある。

　上記の代表的な取組みとして、**図表1-7**のようにデータ保有者と当該データの活用を希望するものを仲介し、売買等による取引を可能とする仕組みである「データ取引市場」がある。データ取引市場におけるデータ提供主体と

図表1-7　データ取引市場の概要[28]

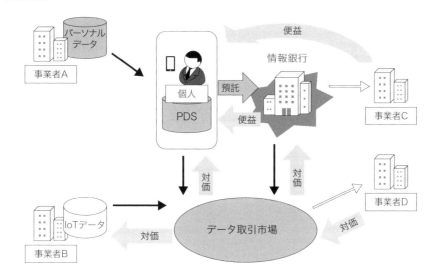

しては、事業者、個人、情報銀行（個人との契約等に基づいて、個人のデータを管理し、個人の指示又はあらかじめ指定した条件に基づき個人に代わり妥当性を判断の上、データを第三者に提供する事業）が想定される。

　データ取引市場は未だ黎明期にあるが、IoT機器等から生成される「リアルデータ」の流通を中心に既に複数の企業による具体的な取組みが進んでいる。取組みの例として、エブリセンスジャパンが2016年から提供する、「世界中のあらゆるデバイスのデータ売買を仲介する、世界初のIoTデータ流通マーケットプレイス[29]」である"EverySense"や、オムロンが開発した、膨大なセンシングデータの中から利用ニーズと提供ニーズをつなげ、必要なデータを安全に流通させる仕組みである"Senseek"がある。

　一方、前述したように、これらのデータ流通市場サービスには、データの自由な流通に当たって「信頼に足るルール」が適用されることが求められる。「信頼に足るルール」については、未だ明確になっていない部分を残す

28　内閣官房 情報通信技術（IT）総合戦略室「データ流通・活用ワーキンググループ第二次とりまとめ（概要版）」2019年。
29　エブリセンスジャパン社ホームページ（https://every-sense.com/services/everysense/）より。

ものの、政府機関が産学とともに連携しながら多数の取組みを推進している。その代表例として、2017年の個人情報保護法改正における「匿名加工情報」や2019年の不正競争防止法改正における「限定提供データ」のようなデータが組織間を流通することを前提とした法的な区分の新設、民間事業者等が、データの利用等に関する契約やAIの開発・利用に関する契約を締結する際の参考となる契約上の主な課題や論点、契約条項例、条項作成時の考慮要素等を整理した「AI・データの利用に関する契約ガイドライン」が挙げられる。今後、上記のような取組みがより強く推進され、それぞれの関係が整理されることを通じて、事業者等が遵守すべき「信頼に足るルール」の輪郭が明確になることが期待される。

　以上のように、利活用するデータとして「バーチャルデータ」に加え、「リアルデータ」も視野に入りつつある中で、データを新たな時代の石油として有効に活用するためには、信頼を確保しながらデータを社会に行き届かせる仕組の整備と浸透が必要となる。試みはまだ端緒についたばかりだが、「リアルデータ」獲得競争の過熱とともに、今後浸透が進むことが予想される。

1-2-2　Society 5.0が進める産業構造の変化

　「バーチャルデータ」に加え、「リアルデータ」も高度に利活用するSociety 5.0等に向けた進展は、既存の産業構造やビジネスに大きな影響を与えることが予想される。例えば、これまでは自動車以外のプレイヤーがモビリティの領域に参入することは困難だと考えられてきたが、「バーチャルデータ」の領域で巨人として君臨しているGoogle及び自動運転車開発企業のWaymoが自動運転技術や車載システムに参入していることに表れているように、業種の壁が限りなく低くなり、産業構造が変わる可能性がある[30]。

30　産業構造審議会 新産業構造部会事務局『「新産業構造ビジョン」一人ひとりの、世界の課題を解決する日本の未来』2017年。

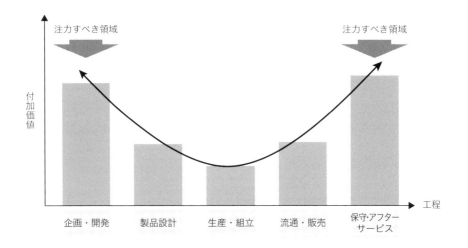

「リアルデータ」の活用を通じた製造業等のサービスビジネス化

　自動車産業やエレクトロニクス産業に代表される製造業では、製品売り切りからサービス提供へ移行すべしと叫ばれて久しいが、これは、図表1-8のように、サプライチェーンの中流である生産・組立段階よりも、上流の企画・開発段階や下流の保守・アフターサービス段階の方が収益性が高いといわれていることによる。なお、付加価値がなすこのような曲線を俗に「スマイルカーブ」という。

　製品等の企画・設計においては、自社のシーズを起点に考えるのではなく、顧客が真に求めている付加価値を起点として考えることが高収益を上げるために重要とされている。付加価値を考える際には、製品のもつ機能に着目し、その機能がどのような顧客にどのようなソリューションをもたらすか、顧客起点で見つめることが必要である。今後、製品を構成するハードウェアやソフトウェアのオープンソース化や、3Dプリンタによる製造が進展することで生産・組立におけるコモディティ化が進むことが予想される。付加価値創出における製品等の企画・設計段階の重要性は今後ますます重要に

31　経済産業省「2019年度版ものづくり白書」2019年。

なるだろう。

　また、一般的に製品・サービス提供のプロセスで最も長い期間を占める保守・アフターサービスにおいてIoT機器からネットワーク経由で収集したデータを活用したサービスが多数事業化されている。様々な媒体で紹介されているため詳述はしないが、代表例として、GEが航空機ジェットエンジンに付随して提供している航空会社向け支援サービスや、ブリヂストンが提供する"Tire as a Service"事業、小松製作所が提供する建設機械稼動管理システムの"KOMTRAX"等が挙げられる。これらは、単に製品／サービスを「所有」するものから「利用」するものへ転換するだけでなく、運用段階で顧客が直面する課題に対して、機器等から収集・分析したデータに基づきその解決を支援することでサービスの高付加価値化を図っている。上記のような取組みは、前述した政府機関等によるイニシアチブを通じてさらに業種を広げ、支援内容も高度化していくことが予想される。

産業構造の変化に伴う異業種との協業や新規参入の増加

　従来は製品売り切りのモデルに基づきビジネスを拡大してきた事業者が、保守・アフターサービスをターゲットとしたサービスビジネスに事業を転換しつつあり、今後その動きはより拡大する。このような動きは、IoTや高度なデータの利活用を基礎としたものであり、従来のプレイヤーとIT企業との協業を加速するものである。実際に、トヨタ自動車とソフトバンクが、オンデマンドモビリティサービス事業を推進するために共同で設立した「MONET Technologies（モネ・テクノロジーズ）」に代表されるように、サプライチェーンの様々な段階で自動車や産業機械等の製造企業とIT企業の協業が近年多数行われている。こうした変化は「B2B2X」（XにはB（法人）又はC（消費者）が入る）モデルへの変化とも捉えられる。

　一方で、Googleのように、従来からのプレイヤーのパートナー企業となるに留まらず、自らエンドユーザー向けにサービスを提供しようとする動きも見られる。これは、「産業構造のレイヤー構造化」が進んでいることで異業種からの参入が過去よりも容易になっていることが一因として考えられる。

従来の典型的なサプライチェーンでは、素材購入、製造、卸売、配送、小売という各段階を経て消費者に製品／サービスが渡ることが一般的であり、消費者はこうしたサプライチェーンのうち、最終段階の小売でしか企業を選択する余地がなかった。日本企業はサプライチェーンにおけるグループ会社や系列企業の垂直統合を通じて、競争力を高めることを得意としてきた。高度に垂直統合された構造（バリューチェーン型産業構造）では、新たなプレイヤーがサプライチェーンに参入することは比較的困難である。

　一方で、レイヤー構造化した産業では、産業の構成要素であるそれぞれのレイヤーが独立して製品／サービスとして成立しているため、消費者は各レイヤーに対して直接アクセスすることが潜在的に可能である。これは、各レイヤーに対して消費者が直接アクセス可能であるという点で、従来のサプライチェーンにおける水平分業化とも異なるものである。産業がレイヤー構造化されると、サプライチェーンの垂直統合を志向していた従来の企業のように、自社内あるいはグループ内に全ての機能を持つ必要がなくなるため、資本が小さな会社の参入がはるかに容易になり、様々な事業者がその産業に参入できるようになる[32]。例えば、スマートデバイス産業では、消費者は潜在的に、ハードウェアやOS、アプリケーションをそれぞれ独立して選択することができるが、特にアプリケーション領域では、ハードウェアやOSの領域とは独立的に、多様な事業者が様々な製品／サービスを提供している。なお、レイヤーの構成は、モジュール化、ソフトウェア化、ネットワーク化を通じて変化するとされており、IoT化を通じた製品やサービスの変化と、レイヤー構造型の産業への変化の親和性が高いことがわかる。本来、こうした産業のレイヤー構造化はデジタルコンテンツの分野で見られたものだが、第4次産業革命によって従来の産業にも拡がりつつある。

　一事例として、**図表1-9**には自動車産業におけるレイヤー構造化の変化を示している。

　従来、日本の自動車産業では車両レイヤーと車載情報端末（カーナビ）レイヤーに分かれており、車両は複雑な機構を持つ内燃機関を搭載しているガ

32　根来龍之、藤巻佐和子「バリューチェーン戦略論からレイヤー戦略論へ　―産業のレイヤー構造化への対応―」（早稲田大学WBS研究センター早稲田国際経営研究No.44）2013年。

図表1-9　IT化による自動車産業のレイヤー構造化[33]

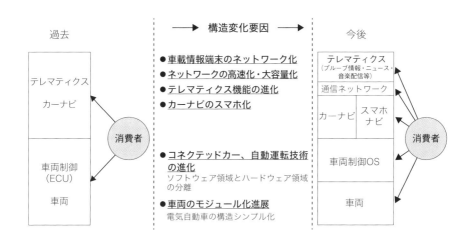

ソリン車であるため、モジュール化は進行しておらず、車載情報端末についても通信機能やテレマティクス機能が一体化した状態で購入していた。

　しかし、今後、より部品点数の少ない電気自動車への移行が進めば、ハードとしての車両とソフトとしての車両制御OSに分離する可能性が高い。車両制御OSレイヤーについて、消費者が直接選択可能な構造となれば、GoogleやAppleのようなソフトウェア開発に長け、巨大な顧客基盤を有するIT企業が有利になる状況が発生しうる。ハードにおいても、構成部品の変化により、内燃機関を搭載した自動車を生産してきた従来のサプライチェーンの生態系が様変わりすることが予想される。

　また、車載情報端末（カーナビ）レイヤーにおいても、元々は同一であったレイヤーがカーナビ、通信、テレマティクスという各機能に分離し、テレマティクスとして利用可能なコンテンツの幅も拡張される。特に、テレマティクスにおいては、前述したように期間が長く付加価値の高い保守・アフターサービスの領域で、ネットワークを通じて収集される走行記録や道路情報、位置情報等を活用した多様なサービスが生まれる可能性が高い。特に、

33　中村幹宏、根来龍之「IT化による自動車産業のレイヤー構造化 〜自動車産業における3つのレイヤー戦略モデル〜」（早稲田大学 IT戦略研究所 Working Paper）2016年を参考に筆者作成。

データを利活用して自動車の利用者や自動車メーカー等に付加価値を提供する本領域において、従来の業種外からの新規参入者が目立っている。

　ここでは自動車産業を一例として挙げたが、第4次産業革命の影響を受けるあらゆる業界で、製品売り切りからサービス提供への移行を伴いながらレイヤー構造化を通じた産業構造の変化が発生する可能性がある。これは同時に、上流から顧客へとつながる既存のサプライチェーンが形を変えることも意味する。企業は、既に始まりつつある第4次産業革命において自身がビジネスを展開する産業にどのような変化が起こりうるのかをしっかりと認識し、早期に備えておくことが今後の生き残りにおいて重要となる。

第2章

つながる世界の
事業機会と
サイバーリスク対応の関係

2-1 つながる世界における サプライチェーンの変化と事業リスク

　第1章の末尾では、製品のモジュール化、ソフトウェア化、ネットワーク化（IoT化）を通じて、産業がレイヤー構造化し、新たなプレイヤーがそれぞれ独立したレイヤーに参入しやすくなることや、そうした変化がデジタルコンテンツの分野から従来の産業分野にまで拡大しつつあることに触れた。

　これは、バリューチェーン型の産業からレイヤー構造型の産業への変化と称されるが、レイヤー構造型の産業に移行した後も、各レイヤーを構成するサプライチェーン[34]がなくなるというわけではない。第1章の例で言えば、車両や車両OS、カーナビ等を製造／提供する事業者間の連鎖は形を変えながら存在し続けることとなる。レイヤー構造の変化が縦の変化だとすれば、サプライチェーンの変化は横の変化と言うことができるだろう。言い換えれば、「縦の変化」は、ユーザーに届く製品／サービス自体に起こる変化であり、「横の変化」は、ユーザーに提供される製品／サービスが生み出されるまでの一連のプロセスに起こる変化と言うことができる。

　本節では、「横の変化」に着目し、製造業や小売業のサプライチェーンを例に、つながる世界においてサプライチェーンが将来的にいかなる変化を遂げるのか、変化を遂げたサプライチェーンでは、事業者にいかなるリスクが存在することになるのかを述べる。

産業のレイヤー構造化等を通じたサプライチェーンの変容

　レイヤー構造化した産業では、各レイヤーのプレイヤーが、ユーザーと潜在的につながりを持つこととなる。ユーザーは、各レイヤーの要素を組み合わせることにより、より自らの嗜好と合致した製品／サービスを享受することができるようになる。例えば、スマートデバイスを利用しようとする際、

34　一般に、「複数の開発者間でリンクされたリソース・プロセスで、製品とサービスについて、調達に始まり設計・開発・製造・加工・販売及び購入者への配送に至る一連の流れ」をサプライチェーンと呼ぶ。また、組織が特定の業務を外部組織に委託している場合、この外部組織もサプライチェーンの一環となる。

図表2-1 将来的に想定されるサプライチェーンの類型[35]

モノづくりの類型	Type 0 従来の大量生産型の発展	Type 1 徹底的な個別対応の高度化	Type 2 マスカスタマイゼーション
モノづくりの特徴	●製造難度が高く、寡占化されやすいモノ（主として、素材や部品レベルのもの）を大量に製造する ●ユーザー側からの選択肢が極めて少ない	●ユーザーからの設計に基づき、個人差要求（身体的・認知的特徴、感性等）が大きいものを製造する ●個人利用可能な高性能3Dプリンタを活用して、オリジナルデザインの製品を製造する	●Type 0とType 1の中間に位置づくセミオーダー品で、モジュールの組み合わせにより完成するものを製造する ●ユーザー側からの選択肢が多い
サプライチェーンのありたい姿	●環境維持や省エネルギーと、機能やコストによる競争力の維持とを両立している	●顧客発の設計を短期に実現する短めのサプライチェーンを構成している	●市場変化に応じて、モジュール構成とサプライチェーンを迅速かつ柔軟に再構築している
設計情報の出所	●超大企業（最終製品/サービス提供者）	●ユーザー	●全体の設計情報はシステム供給企業 ●モジュールシステムはどこからでも生成可能
データの利活用	●サプライチェーンを構成する全ての企業間で、設計情報が共有される	●ユーザー側で生成した設計情報が、ローカルな製造業者・機械（Makersや3Dプリンタ）に共有される	●サプライチェーンを構成する全ての企業間で、設計情報が共有される
サプライチェーンの構造	●一度形成されると安定的で静的な構造となる	●モノの流れる距離が短く生成されては消えるような動的なサプライチェーンが形成される	●機会損失を最小化するため、設計情報の更新タイミングに合わせてサプライチェーンが動的に組み替えられる（アメーバー型サプライチェーン）

端末とOS、ネットワーク、そこで稼動するアプリケーション等は、利用者がある程度自由に組み合わせることができる。従って、ユーザー側から見て組み合わせの選択肢が多いモノを製造する場合、**図表2-1**におけるType 1（徹底的な個別対応の高度化）やType 2（マスカスタマイゼーション）のように、ユーザーの多様な価値観で最終製品/サービスの仕様が決まると同時に、最適なモジュール組み合わせが決定されるような動的なサプライチェー

---

35 一般社団法人日本機械学会生産システム部門 つながるサイバー工場CPPS研究分科会「CPPSの技術コンセプトと2040年ものづくりビジョン つながるサイバー工場CPPS研究分科会活動報告書」2019年を参考に筆者作成。

ンが構築される可能性がある。

　一方でユーザー側から見て選択肢が少ないモノ、特に、高度な設計・製造の知識、高額な設備投資等が不可欠なモノ（例：機械部品、化学素材）を製造する場合は、そもそも製造に関与できる事業者が限られるため、Type 0（従来の大量生産型の発展）のように、安定的で静的なサプライチェーンが構築されることが予想される。

　Type 0からType 2として描かれるこうしたサプライチェーンの類型は、2040年の姿とされている[36]が、それぞれの類型のサプライチェーン実現に向けた取組みは既に始まっており、今後さらに加速していくことが予想される。

サイバー空間との融合が進むサプライチェーン

　図表2-1で示したType 0からType 2の3つの類型で共通しているのは、サプライチェーンを構成するプレイヤー（事業者、個人ユーザー）の間でデータの流通・利活用が行われる点である。例えば、ユーザーの多様な価値観に合わせて製品／サービスを提供する場合、当然ながらユーザーのニーズが製品／サービスの設計情報[37]に反映され、最上流のサプライヤーまで業務遂行に必要なデータが適切に伝達されなければならない。場合によっては、Type 1のように、ユーザーが、自ら設計した製品を3Dプリンタを活用して製造してしまうかもしれない。また、Type 0のような比較的静的なサプライチェーンであっても、機能やコストという価値以外に環境維持や省エネルギーという社会的な要請をクリアするため、設計情報や温室効果ガスの排出情報等の情報がサプライチェーン全体で共有される。このように、設計情報やその他の価値あるデータはサイバー空間を通じて組織を跨いで流通・利活用されるようになる。

36　一般社団法人日本機械学会生産システム部門 つながるサイバー工場CPPS研究分科会「CPPSの技術コンセプトと2040年ものづくりビジョン つながるサイバー工場CPPS研究分科会活動報告書」2019年。
37　ここで「設計情報」とは、事業者別に作り出す価値の構成情報（BoM: Bill of Material）と製造プロセス情報（BoP: Bill of Process）をまとめたものを言う。

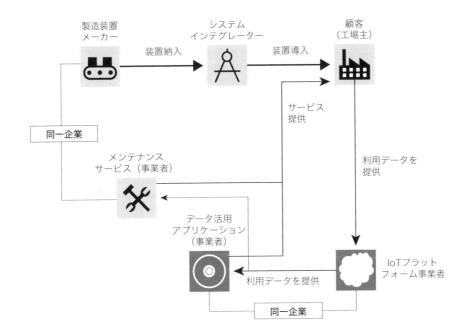

また、単にサプライチェーンというと、製品が提供されるまでのプロセスを主にイメージされるが、今後製造業等のサービスビジネス化が進むことを通じて、製品の運用段階におけるサプライチェーンと呼べるものが生まれる。サプライチェーンの変化は、運用段階も含めた製品提供のライフサイクルの全体で生じる。

図表2-2の例では、システムインテグレーターが顧客である工場主に、製造装置メーカーから調達した装置を導入し、運用段階において装置の利用データ（場合によっては、外部のデータソースも）を活用して製造装置メーカーがメンテナンスサービスを提供するというビジネスを描いている。なお、ここでは製造装置メーカーとメンテナンスサービス事業者、IoTプラットフォーム事業者とデータ活用アプリケーション事業者がそれぞれ同一の事業者

38　国立研究開発法人 新エネルギー・産業技術総合開発機構（NEDO）「スマートコミュニティの普及に資するユースケースの調査 報告書」（委託先）株式会社三菱総合研究所 2019年。

だとしているが、産業構造がレイヤー構造化した状況では、これらも全く別の事業者が提供することも十分考えられる。単に製品／サービスを提供してまとめて対価を得るというモデルと比較し、関係するプレイヤーが多く、それぞれの関係も複雑になっていることがよくわかる。また、こちらも実際のサプライチェーンをかなり簡略化したもので、本来は製造装置メーカーやデータ活用アプリケーション等にもサプライヤーが存在すると考えられるため、実際はより複雑な構造となることが想定される。特に、データ活用アプリケーションのようなソフトウェアについては、複数の事業者による分業化や、ソフトウェア部品・OSS（オープンソース・ソフトウェア）の導入等が進み、顧客提供に至るまでのサプライチェーンが複雑化している。

　製造装置メーカーが顧客（工場主）に対して直接メンテナンスサービスを提供している従来のあり方と異なるのは、サイバー空間に、顧客（工場主）、IoTプラットフォーム事業者、データ活用アプリケーション、メンテナンスサービスからなる、製品や部品ではなく、データを扱うサプライチェーンが現れている点である。この点は、先に述べた3種類のサプライチェーンの類型でも共通に見られたポイントである。

　サイバー空間でデータを扱うサプライチェーンは、それ単体では決して新しい存在というわけではない。例えば、インターネット広告業界は、最低限の構成として、①メディア（広告を表示させる媒体）、②ユーザー（広告を見る人）、③広告主（広告の出し元）からなるが、実際には、ニーズに合った広告をユーザーに届けるという目的のため、広告主とメディア、ユーザーの間で、アドテクノロジーと呼ばれる支援技術等を提供する多くの事業者[39]が複雑に仲介を行っている構造として現に存在している。主としてサイバー空間上で構成されるこうしたサプライチェーンの構造は、「カオスマップ」等で整理されており、その複雑さを誰でも確認することができる。

　このように、従来型のサプライチェーンと、オンラインサービスを中心に

39　例えば、ユーザーに関するデータを連携・集約し、分析した上で活用するためのプラットフォームであるDMP（Data Management Platform）や広告効果計測サービス、過去にサイトを訪れたことがあるユーザーに対して、広告を配信するシステムであるリターゲティング等の支援テクノロジーを提供する事業者が想定される。

構築されてきたデータを扱うサイバー空間上のサプライチェーンはほぼ別個に存在してきたが、設計情報の組織間での共有や、IoTの進展を通じたフィジカル空間の情報のデジタル化を通じて、両者が融合しつつある。**図表2-2**は、製造装置を納めるだけでなく、収集した稼動データを利用したメンテナンスサービスを提供するという場合の新たなサプライチェーンの例を簡潔に示しているが、活用するデータは、顧客（工場主）以外から柔軟に調達される可能性もあり、その場合、さらにサプライチェーンは複雑なものとなる。

　一方で、構成における柔軟性の増大や、データの利活用を通じたサイバー空間との融合というこれからのサプライチェーンの高度化により、自組織に対する信頼を切り崩す可能性のあるいくつかの新たなリスクの観点が持ち込まれる。サプライチェーンを含むビジネスの変化と、リスクの変化は常に表裏一体の関係にある。ユーザーの多様な価値観に応えるためのサプライチェーンの柔軟化は委託元による委託先管理の難度上昇、サイバー空間との融合はサイバーリスクの重大化と背中合わせの関係にある。

　以降の2-2、2-3、2-4では、つながる世界の重要リスク、特にサイバーリスク[40]に注目して、直面している脅威、事業者による対応の状況、規制の動向について述べていく。

2-2　つながる世界の新たなサイバーリスクの動向

　序章や第1章で述べたつながる世界への変化は、事業リスクのあり方にも現に大きな影響を及ぼしている。企業等の活動に係るあらゆる要素がネットワークを介してつながることで、サイバーリスクは、企業等のビジネスの本業に大きく影響する最重要の考慮事項のひとつになるといっても過言ではない。以下では、攻撃を受ける可能性（発生可能性）、攻撃による影響（被害

40　本書では、サイバーリスクとは、情報技術を活用したシステムの何らかの障害によりもたらされる組織や社会への影響と定義する。

の大きさ）という2つの観点から、つながる世界におけるサイバーリスクの現状と将来的に想定される変化について述べる。

2-2-1　攻撃を受ける可能性のある対象の拡大

　例えば、読者の方はサイバー攻撃の対象として何を想像するだろうか。キャッシュレス決済サービスのようなWEBサービスや、標的型メール攻撃を受けるパソコンのようなIT機器を想像される方が多いのではないか。以前から、それらに対する攻撃は多く、重要な位置づけであることは確かである。

　独立行政法人情報処理推進機構（IPA）が毎年発表している「情報セキュリティ10大脅威」を、10年前の2010年と最新版である2019年のもので比較したのが図表2-3である。

　両者には約10年の隔たりがあるが、標的型攻撃、サービス妨害攻撃（DDoS攻撃）、個人情報等の漏えい等の脅威は今も変わらず重大なものである。

　一方で、2019年にのみ見られる脅威も複数存在する。具体的には、ランサムウェアによる被害（3位）、サプライチェーンの弱点を悪用した攻撃（4位）、内部不正による情報漏えい（5位）、IoT機器の脆弱性の顕在化（8位）が該当するだろう。これらは、近年になり重要性を増している脅威と言える。本節では以降、特に攻撃を受ける可能性のある範囲の拡大という観点で重要な「サプライチェーンの弱点を悪用した攻撃」と「IoT機器の脆弱性の顕在化」について概要を述べる。

サプライチェーンの弱点を悪用した攻撃

　「サプライチェーンの弱点を悪用した攻撃」とは、取引先（例：業務委託先、物品調達先）におけるセキュリティに係る弱点に帰因して、自組織の業務や資産が好ましくない影響を受けることであり、攻撃を受ける範囲が自組織の取引先まで拡大していることを意味している。また、外部から取引先への攻撃のみならず、取引先における故意でないヒューマンエラーや、故意の内部犯行も含めて考えることもできる。2-1で述べたサプライチェーンの変

図表2-3　2010年と2019年における10大脅威（組織への脅威）の比較

順位	2010年	2019年
1	変化を続けるウェブサイト改ざん	標的型攻撃による被害
2	アップデートしていないクライアントソフト	ビジネスメール詐欺による被害
3	悪質なウイルスやボットの多目的化	ランサムウェアによる被害
4	対策をしていないサーバ製品の脆弱性	サプライチェーンの弱点を悪用した攻撃
5	あわせて事後対応を！　情報漏えい事故	内部不正による情報漏えい
6	被害に気づけない標的型攻撃	サービス妨害攻撃によるサービス停止
7	深刻なDDoS攻撃	インターネットサービスからの個人情報窃取
8	正規のアカウントを悪用される脅威	IoT機器の脆弱性の顕在化
9	クラウドのセキュリティ問題	脆弱性対策情報の公開に伴う悪用増加
10	インターネットを支えるプロトコルの脆弱性	不注意による情報漏えい

化を踏まえれば、今後より重要となることが想定される脅威だと言える。実際に発生したインシデント事例を以下で紹介する。

　2013年に米国小売業大手のTarget社で発生した事案の概要を**図表2-4**に示している。本事案は、約1億1000万件にも及ぶ顧客のクレジットカード情報、デビットカード情報等が流出する等の史上最大規模の被害が発生したものだが、事案の発端は、セキュリティ対策の不備を突かれ認証情報を窃取された取引先（空調業者）にあったとされている。結果として、窃取された認証情報を通じて正規の取引先になりすまされたことで、取引先向けのポータルサイトからTarget社内のネットワークへの侵入を許した。

　事案の発端が取引先等の他組織にあったとしても、被害を受けた顧客情報保護の責任は委託元の組織（ここではTarget社）にある。本事案は、特に自組織のシステムに対して外部からアクセス可能な取引先等に対しては最低限のセキュリティ対策を要求する等、取引先等まで含めたセキュリティマネジメントが必要であることを示している。これまでに述べたように、既存の産業構造やサプライチェーンがあり方を変え、データがビジネスを推進する上でより重要な位置づけとなっていく中で、取引先等まで含めたセキュリテ

図表2-4　サプライチェーンの弱点を悪用した攻撃の事例

本事案の詳細（原因・影響）

- 本事案は、2013年11月から12月にかけて発生したもの。
- <u>約1億1000万件にも及ぶ顧客のクレジットカード情報、デビットカード情報等が流出する等の史上最大規模の被害が発生</u>した。
- 攻撃者は、Target社の取引先である冷凍空調機器業者（委託先）が使用する認証情報を標的型攻撃で窃取し、その情報を用いてTarget社のネットワークに侵入。そこから多数のPOS端末に特化したマルウェア（BlackPOS）を感染させ、多数のカード情報等を入手した。
- 委託元のTarget社にもセキュリティアラートの見落としやネットワークのセグメンテーションの不備等の瑕疵が指摘されているが、<u>攻撃の侵入口となった空調業者では基本的なセキュリティ対策（例：PCへのウイルス対策ソフトの導入）もなされておらず、認証情報の窃取を容易に許した。</u>

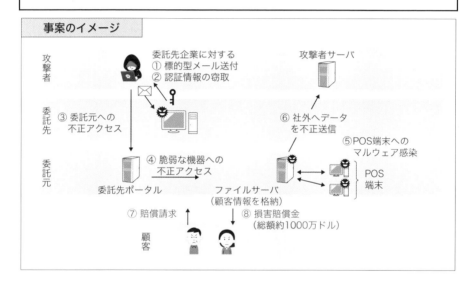

イマネジメントという観点がますます重要となっていくことが想定される。

IoT機器の脆弱性の悪用

　IoTでは、フィジカル空間とサイバー空間とのつながりをIoT機器を介して実現していく。各業界での取組みは既にグローバル規模で始まっており、第1章で触れたIoT機器の増加数とその速度から期待の大きさを窺い知ることができる。

　一方で、上記の変化は、サイバーリスクの観点からすれば、IoT機器という攻撃を受ける可能性のある対象が驚異的な速度で増加しているということ

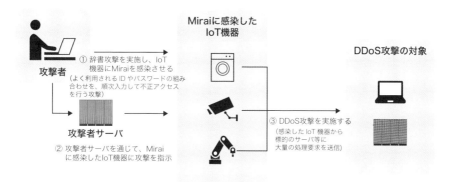

を意味する。そして、多くのIoT機器は計算リソースが少ない、セキュリティ上の管理が行き届いていない等の理由でセキュリティ対策が脆弱であるケースが目立ち、実際に**図表2-5**のようなIoT機器を狙ったインシデントが多発している。

図表2-5は2016年9月に発生した"Mirai"と呼ばれるマルウェアの感染事案を示している。感染したIoT機器の数は約50万台に上り、それらが一斉に大規模DDoS攻撃を行った結果、米国のセキュリティ情報サイトやDNSサービスが停止し、連鎖的にTwitterやSpotify等の多数のサービスも一時的に利用不可能となった。感染したIoT機器には、攻撃者が容易に推測可能なユーザー名とパスワードの組み合わせを利用していた、通信に脆弱なプロトコル（telnet）を利用していた等の基本的な弱点があった。

IoT機器は今後も非常に速い速度で社会に浸透していくことが予想される。その際、安全で安心な利用を実現するためには、本項で触れたIoT機器というレベル、それらから構成されるIoTシステムというレベルの双方で対策を実装していくことが重要である。

2-2-2　攻撃による影響の拡大

本節冒頭で述べたように、つながる世界では、サイバー攻撃を受ける可能性がある範囲が広がるだけでなく、発生し得る被害の程度もより深刻なもの

図表2-6　ITシステムの安全の階層化[41]

階層	対象	扱う事故・障害	従来の学問・技術分野	指標
3	情報システムが行うサービスの安全	発券サービスの停止、プライバシーの喪失など	システム工学リスク学社会科学など	プライバシー、ユーザビリティ、セーフティ
2	情報システムが扱う情報の安全	情報のCIA（機密性、完全性、可用性）の喪失	セキュリティ技術	セキュリティ（機密性、完全性、可用性）
1	情報システムそのものの安全	コンピュータや通信機器の故障	信頼性工学	リライアビリティ、アベイラビリティ

＊＊　情報セキュリティが扱っていた範囲
＊　　サイバーセキュリティが扱うべき範囲

となる。その代表的な事例が、序章で紹介したBlack Hat USA 2015におけるFiat Chrysler Automobiles（FCA）のJeep Cherokeeハッキング事案である。同社は、ハッキング対策のため米国内で140万台をリコール（回収・無償修理）した。自動車の電気/電子化は従来から進んでいたが、その一部が外部ネットワークと通信するようになり、自動車の主機能である走行にまで影響が出るに至った。

「情報セキュリティ」から「サイバーセキュリティ」へ

　サイバーリスクの深刻化とともに、従来から使われる「情報セキュリティ」よりも、「サイバーセキュリティ」という表現を目にする機会が多くなった。実際、日本におけるサイバーリスク対応の基本法も、「サイバーセキュリティ基本法」である。

　多くの日本企業が取得しているISMS（Information Security Management System）認証でも利用されている「情報セキュリティ」は、ISO/IEC 27000：2018において「情報の機密性、完全性及び可用性を維持すること」と定義されている。この定義は、セキュリティ業界において現在に至るまで

41　佐々木良一「ITリスク学の提案と最近の動向」（情報処理学会論文誌 Vol.55 No.9）2014年。

長らく利用されてきたものだが、**図表2-6**における情報システム（ITシステム）が扱う情報の安全に言及したものであり、情報システムが行うサービスの安全や情報システムそのものの安全とのつながりは明示されていない。

　一方で、"サイバーセキュリティ"は、情報セキュリティにおいて必ずしも扱われてこなかった情報システムが行うサービスの安全や、場合によっては、情報システムそのものの安全も含めて扱うより広義の概念として位置づけることができる。扱う事故・障害は、情報の機密性、完全性、可用性の喪失から、（情報の機密性、完全性、可用性の喪失に起因する）情報システムが提供するサービスの停止やプライバシーの喪失等へと拡大する。現在、サイバーセキュリティに関する国際標準の策定等を行うISO/IEC JTC 1（Joint Technical Committee 1）SC 27（Sub-Committee 27）で検討中の文書[42]では、サイバーセキュリティは「デジタルリスクから社会、人々、組織及び国を守ること」と定義されている。こちらの定義は、**図表2-6**における情報システムそのものの安全に関連する機器の品質問題や人の誤操作を視野に入れるだけでなく、影響が及ぶ範囲を「社会、人々、組織及び国」まで広げたものとなっている[43]。これは、個人による自己顕示的な行為から、時には国家の関与が疑われるような高度かつ集団的な犯罪行為へという脅威の変化や、情報漏えい事案の大規模化、IoTの進展による物理的な安全（セーフティ）への影響の波及等をよく反映している。

様々なモノがネットワークにつながるIoTによるサイバーリスクの深刻化

　そのような「サイバーセキュリティ」の時代において、米国の政府系研究機関であるNISTは、コネクテッドカーやスマート家電のようなIoTの応用領域のそれぞれにおいて生じるサイバーリスクを列挙している。

　図表2-7からはコネクテッドカーやスマート家電、健康・医療機器という応用分野のそれぞれにおいて、機器が果たす主たる機能に直接的な悪影響が想定されていることがわかる。これらはまさに、IoTシステムが行うサービ

42　ISO/IEC TS 27100, Information technology–Cybersecurity–Overview and conceptsドラフト文書。
43　山下真「サイバーセキュリティの概念 ―国際標準化の動向を背景に―」（情報セキュリティマネジメント・セミナー2018 講演資料）2018年。

図表2-7　IoT応用領域ごとに想定されるサイバーリスク[44]

コネクテッドカー	スマート家電	健康・医療機器
● 安全な走行に対する悪影響を もたらすもの ・ドライバーの気を散らす 　（例：音量、ワイパー） ・エンジンの停止または劣化 ・アクセルへの介入 ● 安全に影響を与えるとは限ら ないが、自動車に特有なもの ・車またはその構成要素の盗 　難 ・車両の位置の追跡 ・通常走行時にある程度のブ 　レーキ圧力を常時加える等 　による、エンジンまたは他 　の構成要素への物理的損傷	● 居住者の安全な暮らしに対し て悪影響を及ぼすもの ・マルウェアによるスマート家 　電の不正制御 ・冷蔵庫、洗濯機等が動作停止 　することで発生する資産へ 　の影響 ● 居住者のプライバシーに対し て悪影響を及ぼすもの ・カメラ、ロボット掃除機等、 　周囲の情報を収集できる機 　器のリモート制御 ・不正アクセスを通じた、機器 　内部に保管された居住者情 　報窃取 ・サイドチャネル攻撃による情 　報漏えい ● ネットワーク上の他の構成要 素へ悪影響を及ぼすもの ・DDoS攻撃の踏み台とされる	● 患者の安全への影響 ・機器を利用不能にするサー 　ビス妨害攻撃 ・無許可のユーザー、マル 　ウェアによるデバイス機能 　の不正変更 ● 患者情報の漏えい/プライバ シーへの影響 ・ヘルスケアネットワークへ 　の不正アクセス ・検査結果や健康記録など、 　患者データの不適切な廃棄 ● 診断情報の改ざん ・診断装置上のデータを改変 　するマルウェア

スの安全やIoTシステムそのものの安全に対して影響を及ぼすものである。

　特に、機器の誤動作等を通じてサイバー空間における攻撃の影響がフィジカル空間まで拡張されている点が特徴的である。また、自動車や家電のような日常生活で普段から利用される製品がつながることで、個人のプライバシーに対するリスクも以前と比較して高まる。従来から、情報の機密性、完全性、可用性という3つの観点から、情報漏えい、改ざん、システムの停止等のリスクは認識されてきたが、つながる世界では、情報セキュリティと隣接するセーフティ[45]やプライバシーへも被害の影響が拡大していくことを考慮する必要がある。

44　Mike Hogan, Ben Piccarreta「NISTIR 8200 : Interagency Report on the Status of International Cybersecurity Standardization for the Internet of Things (IoT)」2019年を参考に筆者作成。
45　本書では、物理的な「安全」（セーフティ：Safety）を、「人への傷害若しくは健康障害、又は財産及び環境への物理的な損害を引き起こすおそれがあるリスク源から守られている状態」と定義し、情報の機密性、完全性、可用性を維持することを意味する「セキュリティ」（Security）と区別している。

2-3 経営課題として注目されつつあるサイバーリスク

2-3-1 サイバーリスク対応は経営課題
——政府による働きかけと民間の対応状況

　前節で述べたサイバーリスクの高まりに対して、官民が連携した取組みが各国で進められている。以下では、政府による取組みの代表例として、サイバーリスク対応が経営課題という認識を打ち出した「サイバーセキュリティ経営ガイドライン」(日本)、「重要インフラのサイバーセキュリティを改善するためのフレームワーク」(米国)を紹介した後、日本企業を対象に過去に実施された調査を参照しながら日本の民間企業における対応状況と課題を明らかにする。

「サイバーセキュリティ経営ガイドライン」の策定

　大規模な情報漏えいや重要インフラ[46]における供給停止に代表されるような近年におけるサイバー攻撃による被害の深刻化、第1章でも記載した積極的なデジタル技術利活用の進展を背景として、サイバーリスクは、事業者自身、または彼らの提供する製品やサービスに対する信頼に悪影響をもたらし得る経営リスクとして捉えられるべき重要な事業リスクとなっている。実際に、セキュリティ事故等が発生した日本の18社の株価傾向を一般社団法人日本サイバーセキュリティ・イノベーション委員会(JCIC)が調査した結果によると、開示後50日後には株価が平均10%減少し、純利益が平均21%減少したことがわかっている[47]。

　上記のような状況を踏まえ、経済産業省と独立行政法人情報処理推進機構(IPA)は、経営者のリーダーシップの下で、サイバーセキュリティ対策を

46　サイバーセキュリティ基本法(日本)内では、「国民生活及び経済活動の基盤であって、その機能が停止し、又は低下した場合に国民生活又は経済活動に多大な影響を及ぼすおそれが生ずるものに関する事業を行う者」と定義され、日本では、具体的には、情報通信、金融、航空、鉄道、電力、ガス、政府・行政サービス、医療、水道、物流、化学、クレジット、石油の13分野を指す。

47　一般社団法人日本サイバーセキュリティ・イノベーション委員会(JCIC)『取締役会で議論するためのサイバーリスクの数値化モデル ～サイバーリスクの金額換算に関する調査～』2018年。

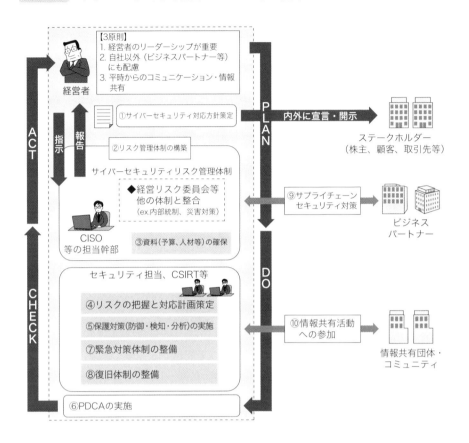

推進するため、2015年12月に共同で「サイバーセキュリティ経営ガイドライン」を策定した[48]。同ガイドラインでは、サイバー攻撃から企業を守る観点で、**図表2-8**の通り、経営者が認識する必要のある「3原則」、及び経営者が情報セキュリティ対策を実施する上での責任者となる担当幹部(CISO等)に指示すべき「重要10項目」をまとめている。

---

48 2017年11月に最新版としてVer.2.0が公開されている。

「サイバーセキュリティ経営ガイドライン」の「3原則」と企業の対応状況

経営層が対策を進める上で認識すべき「3原則」について、IPAが日米欧の企業に対して実態調査（以下、「IPA調査」と表記）[49]を行っている。以下では、同調査を参照しながら、日本の民間企業における対策状況を確認していく。

原則1は、「経営者は、サイバーセキュリティリスクを認識し、リーダーシップによって対策を進めることが必要」である。

IPA調査によれば、セキュリティ担当役員であるCISO（Chief Information Security Officer）を62.6%の国内企業が設置し、66.0%が経営層の出席する会議等があり、情報セキュリティに関する意思決定の場として機能していると回答している。

一見、比較的多くの組織でサイバーリスク対応が経営課題として扱われているように思えるが、一概にそうとも言えない。6割強の企業がCISOを設置しているものの、先行する欧米ではともに8割以上の組織がCISOを設置している点（特に、米国では設置割合が95%を超える）、日本ではCISOが他の役職との兼任であるケースが欧米と比較して多いという点で、取組み状況に差が見られる。

また、興味深いのが、**図表2-9**に示すセキュリティ投資に対する経営層と現場の認識の差である。特に日本企業において、CISO等の上位の役職ほどセキュリティ投資に関する経営層と現場の認識が「一致している」と回答する傾向が欧米と比較して強い。日本企業ではセキュリティを含めてICT利活用のビジョンを考え、事業に落とし込む戦略マネジメント層が不足していると言われるが、特にセキュリティに関して、そういった人材の不足のため、経営層と現場とのコミュニケーションが十分に機能しておらず、結果として認識のギャップが拡大しているのかもしれない。

原則2は、「自社は勿論のこと、ビジネスパートナーや委託先も含めたサプライチェーンに対するセキュリティ対策が必要」である。これは、サプラ

---

49 IPA「企業のCISOやCSIRTに関する実態調査2017 —調査報告書—」2017年として公開されている。

図表2-9　セキュリティ投資に対する経営層と現場の認識の差

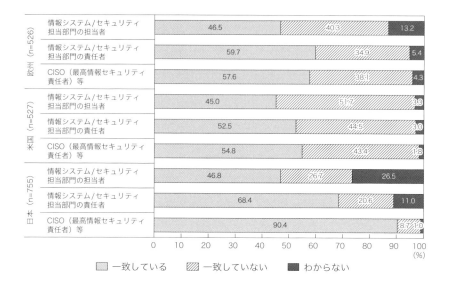

		一致している	一致していない	わからない
欧州 (n=526)	情報システム/セキュリティ担当部門の担当者	46.5	40.3	13.2
	情報システム/セキュリティ担当部門の責任者	59.7	34.9	5.4
	CISO（最高情報セキュリティ責任者）等	57.6	38.1	4.3
米国 (n=527)	情報システム/セキュリティ担当部門の担当者	45.0	51.7	3.3
	情報システム/セキュリティ担当部門の責任者	52.5	44.5	3.0
	CISO（最高情報セキュリティ責任者）等	54.8	43.4	1.8
日本 (n=755)	情報システム/セキュリティ担当部門の担当者	46.8	26.7	26.5
	情報システム/セキュリティ担当部門の責任者	68.4	20.6	11.0
	CISO（最高情報セキュリティ責任者）等	90.4	8.7	1.0

イチェーンのビジネスパートナーやシステム管理等の委託先がサイバー攻撃に対して無防備であった場合、自社から提供した重要な情報が流出してしまうなどの問題が生じうることから、近年注目されている。なお、サプライチェーンを対象としたセキュリティ対策の規制化が昨今米国を中心に進んでいるが、その動向について次節で紹介する。

　IPA調査では、サプライチェーンのセキュリティの把握状況について、33.5％の事業者が「十分確認できている」と回答している。「ある程度確認できている」を含めれば、77.9％が業務委託先のセキュリティ状況を確認していると言える。しかし、欧米の結果と比較すると、先ほどの設問と同様、欧米の水準には達していない。特に、「十分確認できている」としている割合は米国（66.0％）とは30％以上、欧州（54.2％）とも20％以上開きがある。

　原則3は、「平時及び緊急時のいずれにおいても、サイバーセキュリティリスクや対策に係る情報開示など、関係者との適切なコミュニケーションが必要」である。原則2とも関係するが、取引先や株主等のステークホルダー

に対する情報開示は、彼らとの信頼関係の構築に有効である。

　IPA調査では、情報セキュリティポリシーや情報セキュリティ上のリスクの対外公表の状況について、「情報セキュリティポリシー・情報セキュリティ上のリスクともに公表している」との回答は日欧で4割程度、米国は6割程度となっている。米国では、米国証券取引委員会の企業財務局（Division of Corporate Finance）が、サイバーインシデントに関するリスクやこれに伴う事業影響に関する情報開示のあり方に関するガイダンスを公表していることもあり、情報開示状況が日欧に比べて進んでいる。日本でも、総務省から「サイバーセキュリティ対策情報開示の手引き」が公表されており、今後対応が進んでいくものと考えられる。

　以上のように、「サイバーセキュリティ経営ガイドライン」における基礎事項である「3原則」への日本企業の対応は、地域ごとの商習慣や制度等の違いもあり、概ね先行する欧米と比して十分に進んでいるとは言えない状況にある。特にサイバーセキュリティに係る国際的な信頼を得るためには、自組織内、取引先等の他組織と連携したセキュリティ対策の継続的な推進とその発信が必要だろう。

米国におけるサイバーリスク対応フレームワークの策定

　一方で、米国では、経営リスクとしてサイバーリスクを適切に捉え、対応するための枠組みが『重要インフラのサイバーセキュリティを改善するためのフレームワーク』（NIST[50]フレームワーク）として整備されている[51]。

　図表2-10に示しているように、同フレームワークでは、サイバーセキュリティ上の成果を達成するための対策とその参考情報をまとめたフレームワークコアを、以下に示す5つの基本的な機能に分け、技術的な対策や管理面での対策がもたらす成果を細分化する形で示している。

50　米国国立標準技術研究所（National Institute of Standards and Technology）の略称。
51　本文中の邦訳部分は、IPAが翻訳監修し、公開している「重要インフラのサイバーセキュリティを改善するためのフレームワーク 1.1版」を参照している。

図表2-10　フレームワークコアの構造

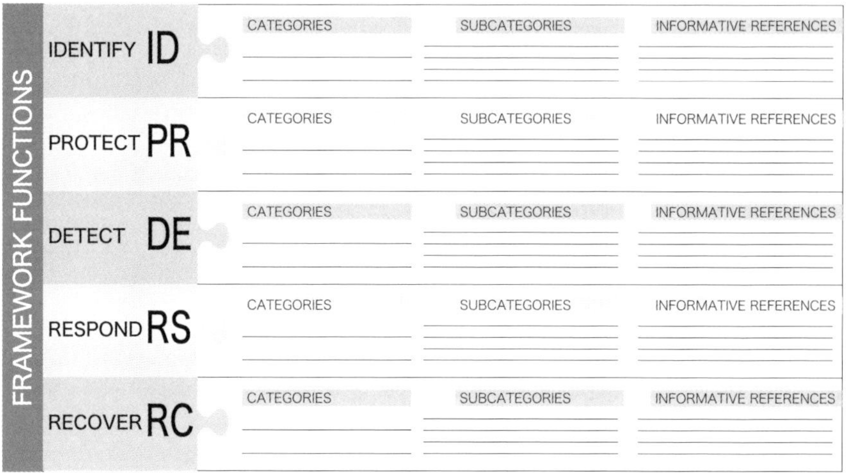

- 識別（Identify）：システム、人、資産、データ、機能に対するサイバーセキュリティリスクの管理に必要な理解を深める。
- 防御（Protect）：重要サービスの提供を確実にするための適切な保護対策を検討し、実施する。
- 検知（Detect）：サイバーセキュリティイベントの発生を識別するのに適した対策を検討し、実施する。
- 対応（Respond）：検知されたサイバーセキュリティインシデントに対処するための適切な対策を検討し、実施する。
- 復旧（Recover）：レジリエンスを実現するための計画を策定・維持し、サイバーセキュリティインシデントによって阻害されたあらゆる機能やサービスを元に戻すための適切な対策を検討し、実施する。

　上記の5つの機能は、サイバーセキュリティやリスク管理の専門家にとって理解しやすいものであり、NISTフレームワークは、当初適用範囲としていた重要インフラ分野を超えて、民間及び公共分野の多くの組織で採用されている。組織は、フレームワークが提供する5つの機能とそれを細分化したフレームワークコアを参照し、対策状況をアセスメントすることで、バラン

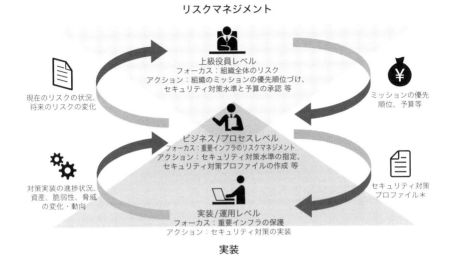

リスクマネジメント

上級役員レベル
フォーカス：組織全体のリスク
アクション：組織のミッションの優先順位づけ、
セキュリティ対策水準と予算の承認 等

現在のリスクの状況、
将来のリスクの変化

ミッションの優先
順位、予算等

ビジネス/プロセスレベル
フォーカス：重要インフラのリスクマネジメント
アクション：セキュリティ対策水準の指定、
セキュリティ対策プロファイルの作成 等

対策実装の進捗状況、
資産、脆弱性、脅威
の変化・動向

セキュリティ対策
プロファイル＊

実装/運用レベル
フォーカス：重要インフラの保護
アクション：セキュリティ対策の実装

実装

＊：ここでは、セキュリティ対策を通じて組織又はシステムが達成すべき成果を意図している。

図表2-12　組織内の階層とコミュニケーションの概要

階層	コミュニケーションの概要
上級役員レベル （経営層）	ビジネス/プロセスレベルに対して、自組織のミッションの優先順位、割当可能なリソース、全体的なリスク許容度について伝達する。
ビジネス/プロセスレベル （マネージャー層）	実装/運用レベルに対して、セキュリティ対策を通じて達成すべき成果を表現したプロファイルを作成し、提示する。 上級役員レベルに対して、プロファイルの実装状況と影響のアセスメント結果を報告する。
実装/運用レベル	ビジネス/プロセスレベルに対して、指定された水準のセキュリティ対策実装の進捗状況を報告する。

スよくセキュリティ対策を実装することが可能である。

　また、「サイバーセキュリティ経営ガイドライン」でも言及されている経営層によるリーダーシップを含め、組織内の役割分担についてNISTフレームワークでは図表2-11のように整理されている。

　図表2-12では、組織を「上級役員レベル」（経営層）、経営層とセキュリティ対策の現場をつなぐマネージャー層である「ビジネス/プロセスレベ

ル」、セキュリティ対策の現場で実際に対応を行う「実装／運用レベル」の3
階層に分類し、それぞれのレベルで下記のようなコミュニケーションを実施
することを推奨している。

　図表2-9では、日本では経営層（CISO等）と情報システム責任者、同担当
者とのセキュリティ投資に対する認識のギャップが大きいことを指摘した。
セキュリティ対策は、経営層だけでも、現場のセキュリティ担当者だけでも
適切に実装できない。NISTフレームワーク等も参照しつつ、セキュリティ
に関係する組織内のあらゆる人員が、適切に役割分担された有機的なコミュ
ニケーションを志向することがこれからの企業には求められる。

2-3-2　民間で拡大するイニシアチブ

　2-3-1では、経済産業省「サイバーセキュリティ経営ガイドライン」や米
国NISTフレームワークの策定という政府機関から民間企業に向けて行われ
ている働きかけに言及しながら、経営者がリーダーシップを発揮して組織内
で適切に役割分担をしながら、取引先等も考慮してセキュリティ対策を実装
すること、加えて、セキュリティ対策の状況について適切に外部に開示する
ことの重要性について述べた。日本でもサイバーリスク対応が経営課題とい
う認識が広がる中で、民間企業（及び関係する公共機関）が中心となってセ
キュリティ対策とその状況の開示を進める自発的なイニシアチブも広がりを
見せつつある。

　経営層がリーダーシップを取りながら、大企業や中小企業を対象としたイ
ニシアチブはこれからも拡大することが予想される。取引するお互いのセキ
ュリティ対策状況がより標準化された形で開示されることを通じて、組織間
での信頼感が醸成され、デジタル時代におけるより安全・安心な商取引のエ
コシステムが構築されることが望まれる。

経団連サイバーセキュリティ経営宣言

　経団連では、産業のデジタル化を通じて、企業にとってリスクマネジメン
トの観点からサイバーセキュリティ対策に取り組むことが経営の最重要課題
となりつつあると認識を示した上で、2018年3月に「経団連サイバーセキュ

リティ経営宣言」を公表した。同宣言では、経済界は、サイバーセキュリティに係る以下の事項の実践に努めていくことが明確に示されている。

1. 経営課題としての認識
   - 経営者自らが最新情勢への理解を深めることを怠らず、サイバーセキュリティを投資と位置づけて積極的な経営に取り組む。
   - 経営者自らが現実を直視してリスクと向き合い、経営の重要課題として認識し、経営者としてのリーダーシップを発揮しつつ、自らの責任で対策に取り組む。
2. 経営方針の策定と意思表明
   - 特定・防御だけでなく、検知・対応・復旧も重視した上で、経営方針やインシデントからの早期回復に向けたBCP（事業継続計画）の策定を行う。
   - 経営者が率先して社内外のステークホルダーに意思表明を行うとともに、認識するリスクとそれに応じた取り組みを各種報告書に自主的に記載するなど開示に努める。
3. 社内外体制の構築・対策の実施
   - 予算・人員等のリソースを十分に確保するとともに、社内体制を整え、人的・技術的・物理的等の必要な対策を講じる。
   - 経営・企画管理・技術者・従業員の各層における人材育成と必要な教育を行う。
   - 取引先や委託先、海外も含めたサプライチェーン対策に努める。
4. 対策を講じた製品・システムやサービスの社会への普及
   - 製品・システムやサービスの開発・設計・製造・提供をはじめとする様々な事業活動において、サイバーセキュリティ対策に努める。
5. 安全・安心なエコシステムの構築への貢献
   - 関係官庁・組織・団体等との連携のもと、各自の積極的な情報提供による情報共有や国内外における対話、人的ネットワーク構築を図る。
   - 各種情報を踏まえた対策に関して注意喚起することによって、社会全体のサイバーセキュリティ強化に寄与する。

1～5の事項は、概ね「サイバーセキュリティ経営ガイドライン」と共通していると捉えられるが、4のように同ガイドラインには明確に記載されていないが非常に重要な対策事項も含まれる点でより踏み込んだ内容となっている。2-2でも述べた通り、これまではネットワークにつながっていなかった機器やシステムがオープンなネットワークにつながることで、新たなサービスを享受できるようになる反面、サイバー攻撃のリスクも高まることとなる。価値ある製品やサービスを提供し収益を上げる企業という立場で、自社内の組織やシステムだけでなく、事業の核である製品やサービスのセキュリティにまで言及している点に特徴がある。

　さらに、特徴的な取組みとして、業種を問わず同宣言を各企業で策定し、公表する企業が増加している。以前から情報セキュリティ基本方針や情報セキュリティ報告書の公開を通じてセキュリティ対策状況に関して開示する例は見られるが、経営層のコミットをより明確に表現している点、5つの共通事項を示している点でこれまでの動きを補完し、さらに強化していくようなものとなっていくことが望まれる。

SECURITY ACTION セキュリティ対策自己宣言

　経団連による主に大企業を中心としたイニシアチブに加え、サプライチェーンの大部分を占める中小企業を主とした動きで大規模なものとしてIPAが推進する「SECURITY ACTION」制度が挙げられる。

　SECURITY ACTIONは中小企業自らが、情報セキュリティ対策に取り組むことを自己宣言する制度であり、取組み目標に応じた「一つ星」と「二つ星」という2種類の段階が用意されている。

　　一つ星：中小企業の情報セキュリティ対策ガイドライン付録の「情報セキュリティ5か条」に取り組むことを宣言した中小企業等であることを示す。
　　二つ星：自社の状況を把握した上で、情報セキュリティポリシー（基本方針）を定め、外部に公開したことを宣言した中小企業等であることを示す。

「一つ星」あるいは「二つ星」を宣言してる企業は「情報セキュリティ対策支援サイト」において検索可能である[52]。他組織と機密情報のやり取りを伴う取引を行う際、セキュリティリスクとして渡した機密情報が漏えいすることが懸念される。中小企業に対してはリソース等の関係で、高い水準のセキュリティ対策を要求することが困難な場合もあるため、その場合は取引先の候補が「一つ星」あるいは「二つ星」を宣言した組織であるかどうかを確認する等の対応が有効だろう。

2-4 つながる世界を見据えて進む サイバーリスク関連政策の動向

これまで述べてきたように、つながる世界を脅かすサイバーリスクが増大する中で、経営層がリーダーシップを取る形でサイバーリスク対応を進めているものの、守る側の民間企業の取組みはまだ試み半ばである。一方、政府機関は、情勢を把握しながらルールを策定し、（例えば法律やガイドラインという形で）民間事業者等に実施を要請する取組みを進めている。本節では、米国、欧州、日本の政府機関が、高まるサイバーリスクに対して、どのように対応しようとしているのかを最新の動向も踏まえて述べていく。

2-4-1 対応が義務化されつつあるセキュリティ

昨今のサイバーリスクの重大化を反映し、国や地域により取組みの速さは異なるが、政府機関自身を含む重要インフラ事業者を中心に、法制度、ガイドライン等が整備されつつある。また、欧州一般データ保護規則（GDPR）に代表される各国・各産業の個人情報保護規制の中でも、サイバーリスク対応に関する要求事項が記載されている。以下では、米国、欧州、日本の3地域についてサイバーリスク関連政策の概要とポイントを示す。

---

52 2019年7月22日現在、一つ星を宣言している組織が62135件、二つ星を宣言している組織が10381件存在する（https://security-shien.ipa.go.jp/security/search/list.html）。

米国におけるサイバーリスク関連政策の動向：
国家安全保障としてのサイバーセキュリティ

　米国では、他国に先駆けて、1970年代から機密情報の保護などを目的としてセキュリティに関する大統領令や法律が制定されてきた。その後も機密情報保護から重要インフラ防護へと取組みの範囲を拡大しながら施策が推進されてきたが、大きな転機となったのは2001年の同時多発テロであり、同事案発生後に米国政府は、国家安全保障を基礎とするサイバーセキュリティ政策へと大きく舵を切った。つまり、テロの取り締まりを目的とした米国愛国者法（USA Patriot Act）が制定され、翌年の国土安全保障法制定による国土安全保障省（DHS:Department of Homeland Security）の設置等を通じて、連邦政府や重要インフラのサイバーセキュリティを強化するための体制が強化された。

　2000年代初頭の米国の政策動向において、サイバーリスク対応に関する法制度、ガイドライン等という観点で重要なのは、2002年12月に制定された連邦情報セキュリティ近代化法（FISMA[53]）である。FISMAは、連邦政府が2002年12月に電子政府法の一部として成立させたもので、各省庁に年に一度、情報セキュリティを見直し、行政管理予算局（OMB）へとセキュリティ報告書を提出することを義務づけた。また、商務省傘下のNISTに対して、連邦政府機関がセキュリティを維持・向上させるために必要な枠組みや規格、ガイドライン等のルールを策定するよう規定している。FISMAは、連邦政府機関に対してセキュリティ強化を義務づけたという規制（regulation）の側面だけでなく、NISTにおけるルール策定機能の強化という標準（Standard）の側面でも重要な意味のあるルールと言える。

　FISMAに基づいて、NISTから、連邦情報処理規格（FIPS）やSP 800（Special Publication 800）というルールが継続的に策定されている。FISMAの制定以降、連邦政府では、セキュリティを維持・向上するために、**図表2-13**のような流れでNISTの開発した標準を活用している。

　FIPSやSP 800等の標準は、基本的に連邦政府機関を対象としたものであ

53　Federal Information Security Modernization Actの略称。

図表2-13 米国連邦政府機関における情報システムのリスク管理フレームワーク

Step1 情報システムの分類 [SP 800-60]	Step2 管理策の選択 [SP 800-53]	Step3 実装 [SP 800-160]
情報資産に対する潜在的な脅威の影響度に基づき、情報システムを低位・中位・高位に分類	情報システムを保護するための最低限のセキュリティ管理策をセキュリティの分類に応じて選択	セキュリティ管理策を導入（セキュリティ設定チェックリストを適用）
Step6 モニタリング [SP 800-137]	Step5 確認 [SP 800-37]	Step4 評価 [SP 800-53A]
セキュリティ管理に影響を及ぼす情報システムへの変更を継続的に監視し、管理策の有効性を再評価	政府機関の業務や資産、人員へのリスクを判断し、リスクが容認可能であれば情報システムの運用を認可	セキュリティ管理策の有効性（管理策が正しく導入されたか、想定通り運用されているか、情報システムのセキュリティ要求を満たしているか）を判断

り、それ以外の民間機関が「参照してもよい」という位置づけの文書だが、2-4-2で述べるように、近年、連邦政府機関と契約する民間事業者にもSP 800シリーズにおける特定の標準を適用することを義務づける動きが見られる。

　一方で、連邦政府機関以外の民間企業に対しては、重要インフラ事業者を中心に、CIP（Critical Infrastructure Protection）というテーマのもとで、連邦法や規則、大統領令等を適用してきた。特に、遵守義務があるものについては、図表2-14のように、業界の所管省庁、業界団体から、パッチワークのようにルールが策定されている。

　重要インフラにおける近年のサイバーセキュリティ施策として、重要なマイルストーンとなったのは2013年に発令された大統領令13636号（重要インフラのサイバーセキュリティの向上）及び、当該大統領令で策定が指示されたNIST Cybersecurity Framework（概要については2-3-1を参照）である。NIST Cybersecurity Frameworkは、図表2-14にあるような遵守義務のあ

図表2-14　米国におけるサイバーリスク対応規制の事例

名称	策定者等	対象業種	概要
NERC Critical Infrastructure Protection（CIP）	北米電力信頼度協議会（NERC）	電力	大規模発電及び送電施設を対象としたサイバーセキュリティに関する義務的な標準。
医療保険の携行性と責任に関する法律（HIPAA）	保健社会福祉省（DHHS）	医療	保護対象医療情報の取扱いにおける保護要件を確立し、ヘルスケアシステムの効率性と有効性を改善すること等を目的とした法律。
ニューヨーク州金融サービス局サイバー規制	ニューヨーク州金融サービス局	金融・保険	ニューヨーク州で認可されている金融・保険業の事業者を対象に、一定のセキュリティ要件への準拠を義務化した規制。

るルールとは異なり、業種横断的に適用できるサイバーリスク管理の「共通言語」を提供するものである。また、Cybersecurity Frameworkは、重要インフラ事業者や他の業種の事業者に新たな義務を課すものではなく、彼らの自発的な利用を意図したものとされているが、2016年の調査[54]では、グローバル企業の35%が利用しているという結果が出ており、世界でも最も広く利用されているセキュリティ文書のひとつとなっている。現在では、2016年当時よりもさらに利用が進んでいることが予想されることから、米国発の規格ではあるものの、国際規格と言ってよいプレゼンスを得ている。

　また、「つながる世界」においてデータを利活用したビジネスを推進しようとする場合に、サイバーセキュリティと並んで重要なリスクとなるものとして、プライバシーリスクが挙げられるだろう。米国では、重要インフラにおけるサイバーセキュリティと同様、個人のプライバシー保護に関しては、業種ごと、あるいは州ごとのルールが中心であり、連邦政府レベルでのルール（日本で言うと個人情報保護法にあたるもの）が明確になっていなかった。そのような背景もあり、2020年1月に、NISTではCybersecurity Frameworkのプライバシー版とも言えるNIST Privacy Frameworkが策定された。こちらも、Cybersecurity Frameworkと同様、適用を強制するものではなく自発的な利用を標榜するものだが、Privacy Frameworkの規定

54　プライスウォーターハウスクーパース（PwC）「グローバル情報セキュリティ調査2016：サイバーセキュリティの転換と変革」2016年。

内容に準じていない場合は、FTC（連邦取引委員会）をはじめとする規制機関が求めるコンプライアンスにも違反しているとみなされる可能性が高いと想定される。Privacy Frameworkの策定は、後述するように、一般データ保護規則（GDPR）を施行し、個人情報保護を中心にルール[55]形成をリードしている欧州に対する米国からのひとつの返答とも捉えることができるだろう。

　以上のように、米国では、かなり早い時期から政府機関や電力業界をはじめとするミッション・クリティカルな業種を中心に、プライバシー等の個人の権利保護というよりは安全保障の観点から強固なサイバーリスク対応の枠組が構築されてきた。一方で、個人のプライバシー保護に係る統一的なルールの形成は欧州よりも遅れている。このようなサイバーリスク対応に係るルール形成におけるアプローチの違いは、新たなビジネスモデルを携えて現地への進出を狙う日本企業にとって重要なコンプライアンス上のリスクをもたらす可能性がある。規制を巡る情勢も流動的なため、関係者は適切なリスクマネジメントのため、状況を注視しておく必要がある。

EUにおけるサイバーリスク関連政策の動向：
プライバシー保護を中心としたEU規模での規制化推進

　2000年代初頭から、EUは、サイバーリスク対応に関する取組みを継続してきたものの、米国とは異なり、域内での包括的なサイバーリスク対応に関する規制は長らく不在であった。一方で、EUは28の主権国民国家からなる統合体であり、リスク対応やインシデント対応能力の水準が国により大きく異なり、相互信頼の確保のためにはサイバーセキュリティやプライバシーの保護等に関する一定以上の対応の保証が必要とされた。そういった背景の下、ここ数年で重要インフラ保護、個人情報保護、製品の認証等の複数の領域でサイバーリスク対応の規制化、あるいは規制化につながりうる動きが進行している。

55　本書で以降、「ルール」を、「標準・規格（Standard）と規制（Regulation）のどちらか、あるいはその両方」という意味で用いる。

サイバーリスク対応における EU 初の共通立法として 2016 年 7 月に制定されたのが「ネットワーク・情報システムの安全に関する指令」（NIS 指令）であり、加盟国に 2018 年 5 月 19 日までに指令を国内法制化することを義務づけている。これは、原則 EU 域内で行われる企業活動に対して適用されるため、EU で事業展開する特定産業の日本企業は対応が必要となる可能性がある。

　NIS 指令の主な規定内容は下記のように整理される[56]。

- 加盟国がネットワーク・情報システムの安全に関する国家戦略を策定し、欧州委員会（EC）へ通知すること（第 7 条）
- 加盟国が指令の適用対象に係る加盟国国内の管轄官庁、CSIRT 及び単一窓口を定めること（第 8 条、第 9 条）
- 加盟国が日本における重要インフラ事業者に当たる基幹サービス運営者[57]を特定し、一定のセキュリティ要件とインシデント届出義務を課すこと（第 5 条、第 14 条等）
- 加盟国が EU 域内でサービスを提供する原則全てのデジタルサービス提供者[58]に対して、安全管理措置、インシデント届出義務を課すこと（第 4 条、第 16 条等）
- 加盟国間の戦略的協力、情報共有等の支援、促進等のため、加盟国、EC 及び ENISA（欧州ネットワーク情報セキュリティ庁）の代表者からなる協力グループ、各国の CSIRT[59]、CERT-EU の代表からなる CSIRT ネットワークを設置すること（第 11 条）
- 加盟国が採択した国内規定への違反を発見した際に適用可能な罰則規定

56　島村智子「ネットワーク・情報システムの安全に関する指令（NIS 指令）―EU のサイバーセキュリティ対策立法」（『外国の立法：立法情報・翻訳・解説（277）』）2018 年 7 〜 10 頁を参考に記載。

57　対象となる事業分野として、エネルギー（電力、石油、ガス）、輸送（航空、鉄道、水上、道路）、銀行、金融市場インフラ（証券取引所等）等の 7 分野が指定されており、そのうち、ネットワーク・情報システムに依存して社会経済活動を維持する上で重要なサービスを提供する等の基準を満たす者が対象となる。

58　該当するデジタルサービスとして、①オンラインマーケット、②オンライン検索エンジン、③クラウドコンピューティングサービスの 3 種類が指定されている。

59　Computer Security Incident Response Team の略称。セキュリティに関連するインシデントへの対応を支援する目的で確立される組織であり、CERT（Computer Emergency Response Team）とも表記される。

を定め、その実施を確保するための施策を講ずること（第21条）

さらに、個人データの保護という文脈では、2018年5月25日から適用が開始されたGDPRにて、セキュリティやプライバシーの確保に関する下記のような義務が定められている。

- 同意の取得等による処理の法的根拠の確保（6条〜11条）
- 処理行為の記録（30条）
- データ主体への情報通知・権利行使対応（12条〜23条）
- 社内規定の整備（24条2項）
- 適切な技術的・組織的措置の実施（24条、25条、32条）
- 個人データ侵害への対応（33条、34条）
- データ処理契約の締結・更新（28条、29条）
- データ保護責任者（DPO:Data Protection Officer）・代理人選定（27条、37条〜39条）
- データ保護影響分析（DPIA: Data Protection Impact Analysis）実施（35条、36条）
- 域外移転規制対応（44条〜50条）

GDPRの前身であるデータ保護指令（Data Protection Directive）では定義されていなかった概念として、「説明責任」（Accountability）がある。GDPR第5条（2）では、個人データ処理の管理者に対して、**図表2-15**に示す6つの原則の遵守及び遵守証明を求めている。なお、説明責任を果たすための遵守証明に必要な事項には、**図表2-15**に記載されている事項以外に、個人データの処理行為の内部記録、データ保護責任者の選任、適切な技術的及び組織的な措置の実行等が挙げられる。

GDPR違反に際して、最大で「2000万ユーロ以下または事業者である場合には全世界売上高の4％以下のいずれか高い方」という高額な制裁金が課される可能性があるが、制裁金の決定において違反の内容・重大性だけでなく、違反発生以前の遵守状況や違反発生後の対応状況も考慮の対象となって

図表2-15　個人データの処理における原則[60]

原則	内容
適法性、公平性及び透明性の原則	個人データは、適法、公平かつ透明性のある手段で処理されなければならない。
目的の限定の原則	個人データは、識別された、明確かつ適法な目的のために収集されるものでなければならず、これらと相容れない方法で更なる処理を行ってはならない。
個人データの最小化の原則	個人データは、処理を行う目的の必要性に照らして、適切であり、関連性があり、最小限に限られていなければならない。
正確性の原則	個人データは、正確であり、必要な場合には最新に保たれなければならない。不正確な個人データが確実に、遅滞なく消去または訂正されるように、あらゆる合理的な手段が講じられなければならない。
保管の制限の原則	個人データは、当該個人データの処理の目的に必要な範囲を超えて、データ主体の識別が可能な状態で保管してはならない。
完全性及び機密性の原則	個人データは、当該個人データの適切なセキュリティを確保する方法で取り扱われなければならない。当該方法は、無権限の、または違法な処理に対する保護及び偶発的な滅失、破壊、または損壊に対する保護も含むものとし、個人データの適切なセキュリティが確保される形で処理されなければならない。

いる点が、こうした説明責任をより重要な位置づけとしている。実際にセキュリティインシデント等が発生した際に、事前の対応状況や発生後の対応について十分な説明責任を果たせなければ、より高額な制裁金を課せられることとなる。

　以上のように、欧州ではNIS指令やGDPRの施行を通じて、セキュリティやプライバシーの保護に関するミニマムスタンダードを強制し、加えて、それらを遵守していることの証明が法令等の中で明確に求められるようになっている。これらは、今後進展することが想定されるデータの利活用を前提としたビジネスを欧州で推進する際に、EU域外の企業にとって非関税障壁として機能する可能性がある。

60　日本貿易振興機構（JETRO）ブリュッセル事務所 海外調査部 欧州ロシアCIS 課『「EU一般データ保護規則（GDPR）」に関わる実務ハンドブック（入門編）』2016年。

図表2-16　欧州サイバーセキュリティ法下におけるENISAの実施事項

題目	概要
サイバーセキュリティに関する能力開発	EU及び加盟国の公共機関におけるサイバーセキュリティに係る専門性と能力の改善に貢献する。
運用協力と危機管理	NIS指令の下で設立されたEU CSIRTネットワークの事務局として機能することで、例えばEU全体規模でのサイバーセキュリティ演習を実施する等により予防的な運用能力を強化する。
協調的な脆弱性開示	加盟国及びEUの機関によるサイバーセキュリティの脆弱性報告、並びにEUの主要なサイバーセキュリティ関係者間の協力及び情報交換における改善を支援する。
サイバーセキュリティの標準化と認証における市場と関連するタスク	サイバーセキュリティ市場の動向を分析し、EUサイバーセキュリティ法で定義されたタスクを実行することで、サイバーセキュリティの標準化及び認証分野におけるEUのポリシー策定を支援する。
政策の開発と実装	EUサイバーセキュリティ政策の実装と発展に貢献する。

　さらに、企業に対しサイバーリスク対応に関する義務を即座に課すものではないが、欧州サイバーセキュリティ法（Cybersecurity Act）が2019年4月9日に欧州理事会で採択され、同年6月27日に発効されている。規定事項は、①ICT製品、サービス及びプロセスのための欧州サイバーセキュリティ認証フレームワークの創設、②EUのサイバーセキュリティ専門機関であるENISAの強化、③NIS指令の補完に整理されている[61]。

　①から③のうち、②について、同法の下でのENISAの役割は**図表2-16**に示す5点に要約できる。これに伴って、ENISAの人員を1.5倍、予算を2倍にする決定がなされている。なお、①の概要については2-4-2を参照されたい。

　今後検討が進むサイバーセキュリティ認証フレームワークも含めて、サイバーリスク対応に係る事業リスクを回避するためには、同法によりEUのサイバーセキュリティ政策推進におけるENISAの位置づけが重くなっていることを踏まえると、ENISAの動向を注視することが必要である。

61　ENISA「Bolstering ENISA in the EU Cybersecurity Certification Framework」2019年。

日本におけるサイバーリスク関連政策の動向：
2020年に向けた取組みの推進

　日本でも、不正アクセス事案の発生等に伴うサイバーセキュリティに対する懸念を背景として、2000年代初頭から政府機関におけるサイバーセキュリティ政策の整備体制が整えられてきた。中でも司令塔機能を担っているのが、内閣及び、2015年に制定されたサイバーセキュリティ基本法により設置されたサイバーセキュリティ戦略本部、その事務局を担う内閣サイバーセキュリティセンター（NISC）である。上記組織が中心となり、国のサイバーセキュリティ戦略の策定、サイバーセキュリティ戦略に基づいた各年度の年次計画のとりまとめ、重要インフラのセキュリティ対策に係る行動計画の策定と推進等が実施されている。

　日本でも欧州と同様、長らくサイバーリスク対応に関する共通の立法は不在だったが、その状態は2014年にサイバーセキュリティ基本法が成立したことにより解消された。同法では、サイバーセキュリティ戦略の策定（第12条）や、行政機関等におけるサイバーセキュリティの確保（第13条）、重要インフラ事業者等におけるサイバーセキュリティの確保の促進（第14条）等が規定されている。

　重要インフラ事業者のサイバーセキュリティに関しては、NISCから「重要インフラの情報セキュリティ対策に係る第4次行動計画」や「重要インフラにおける情報セキュリティ確保に係る安全基準等策定指針（第5版）改定版」等が公表されており、2020年の東京オリンピック開催という観点からも、事業者への対策の促進が実施されている。

　2017年に公開（2018年改訂）された「重要インフラの情報セキュリティ対策に係る第4次行動計画」では、電力やガス、行政サービス等の重要インフラサービスの安全かつ持続的な提供を実現するため、**図表2-17**に示す3つのポイントを重点として、従来から実施されている次の5つの施策群を強化・改善することを図っている。

［5つの施策］
• 安全基準等の整備及び浸透

図表2-17　「重要インフラの情報セキュリティ対策に係る第4次行動計画」の3つの重点[62]

① 先進的取組みの推進 （クラス分け）	② オリパラ大会も見据えた 情報共有体制の強化	③ リスクマネジメントを 踏まえた対処態勢整備の推進
● 他分野からの依存度が高く、比較的短時間でのサービス障害でも影響が拡大するおそれがある分野（例：電力、通信、金融）において、一部事業者における先導的な取組み（セキュリティ情報共有組織（ISAC）の設置やリスクマネジメントの確立等）を強化・推進 ＊所属事業者間で秘密保持契約を締結するなど、より機密性の高い情報の共有等を目的とした組織 ● 上記先導的な取組みの、当該重要インフラ分野内の他の事業者等及び他の重要インフラ分野への展開による我が国全体の防護能力の強化	● サービス障害の深刻度判断基準の導入に向けた検討 ● 連絡形態の多様化（連絡元の匿名化、セプター＊事務局・情報セキュリティ関係機関経由）による情報共有の障壁の排除。分野横断的な情報を内閣官房に集約する仕組みの検討 ＊重要インフラ事業者等の情報共有を担う組織 ● ホットライン構築も可能な情報共有システムの整備（自動化、省力化、迅速化、確実化） ● 情報連絡・情報提供の範囲にOT、IoT等を含むことを明確化（IT障害→重要インフラサービス障害） ● 演習の改善、演習成果の浸透による防護能力の維持・向上 ● サプライチェーンを含む「面としての防護」に向け範囲の拡大	● 「機能保証に向けたリスクアセスメントガイドライン」の提供及び説明会の実施等によるリスクアセスメントの浸透 ● 事業継続計画及び緊急時対応計画（コンティンジェンシープラン）の策定等による重要インフラ事業者等の対処体制の整備 ● 事業者等における内部監査等の取組みにおいて、リスクマネジメント及び対処態勢における監査の観点の提供等による「モニタリング及びレビュー」を強化

- 情報共有体制の強化
- 障害対応体制の強化
- リスクマネジメント及び対処態勢の整備
- 防護基盤の強化

　一方で、重要インフラ事業者の多くは既に業法等による規制を受けていることから、NISCによる上記の施策は事業者に新たな義務を課すものではないと理解されている。この意味で、欧州NIS指令にあったようなトップダウン的なサイバーリスク対応の義務化とは性質を異にするものである。

　また、サイバーセキュリティ戦略本部、NISCとも連携しつつ、IoT等の新たな政策領域において積極的に政策形成を図っているのが通信業界を所管する総務省と、ハードウェア、ソフトウェア産業を所管する経済産業省である。両省は、「IoTセキュリティガイドライン」の策定や、後述する政府機

62　NISC『「重要インフラの情報セキュリティ対策に係る第4次行動計画」の概要』2018年の情報を基に筆者作成。

関におけるクラウドサービスの安全性基準の検討等のように協調して政策形成を図るケースもあるが、一方で、「IoTセキュリティ総合対策」（総務省）や、後述する「サイバー・フィジカル・セキュリティ対策フレームワーク」（経済産業省）のように各々独自の政策を打ち出すケースもある。このように、複数の政府機関が、連携しつつも各自が主体となってサイバーリスク対応に関する業種横断的な政策形成を行っている点が日本の特徴とも言える。

　一方で、プライバシーの保護については、業種や州によりパッチワーク的に制度が整備されている米国とは対照的に、従前より個人情報保護法及び、関連するガイドライン群が民間事業者に対して業種横断的な規定を提供している。なお、同法は、3年ごとの見直しにより、2020年に改正が予定されている。個人情報保護委員会は、「個人情報保護法　いわゆる3年ごとの見直しに係る検討の中間整理」を公表し、欧州GDPRの規定等も意識しつつ、今後、利用停止・消去の権利、漏えい報告の義務化、仮名化の導入、罰金の強化・課徴金の導入などについて検討を行うとしている。利用停止・消去の権利、漏えい報告の義務化等は、事業者側の対応を要するものと予想されるため、今後の動向を注視する必要がある。

2-4-2　規制の範囲はIoT、サプライチェーンへ

　2-4-1で述べたサイバーリスクに係るルール形成の重要な潮流のひとつとして、IoT機器のセキュリティや委託先を含むサプライチェーンを視野に入れたものが増加している点を挙げることができる。これは、IoTの進展を通じて様々な機器がオープンなネットワークに接続するようになっていることや、ビジネス機能の実施を外部サービス提供者にますます依存するようになっていることを背景としている。

　以下では、米国、欧州、日本におけるIoT機器のセキュリティや委託先を含むサプライチェーンを視野に入れた、セキュリティ対策標準の策定や対策の義務化等のサイバーリスク対応に関するルール形成の動向を述べる。

米国におけるルール形成の動向：他国に先駆けて規制化がスタート
　機密情報の保護や重要インフラのサイバーセキュリティ対策にいち早く取

り組んできた米国では、IoTやサプライチェーンという新しい領域でも他国に先んじたルール形成の動きが見られる。

　まず、IoTの領域では、対策の義務化を通じた市場環境へのネガティブな影響も考慮し、ルール形成は、事業者の自発的な利用を想定した対策標準の策定やベストプラクティスの共有が中心となっている。一方で、セキュリティ対策を義務化する動きも一部の州で見られており、その影響がどこまで他の州や連邦レベルまで波及するのか動向を継続的にウォッチしておく必要がある。

　IoTのセキュリティに関する標準策定にて検討をリードしているのは、前項でも標準策定において重要な役割を演じていたNISTである。2-2-1でも述べたIoT機器を狙ったサイバー攻撃事案の続発を背景に、NISTではIoTエコシステム全体のセキュリティ水準向上のため、あらゆるIoT機器が備えているべき12のベースライン機能の候補（図表2-18）を策定し、公表している。

　上記は業界横断的に適用可能な機能を示しているが、実際には業種等により厳しい基準を適用すべきケースもあると想定されている（例えば、一般的には、家電よりも医療機器の方がより高い水準のサイバーセキュリティ機能が必要となることが想像できる）。今後、このベースライン機能が確定した後、こちらをベースに、分野ごとにより個別の事情を考慮した検討が進められることが予想される。現在は事業者に特に対策の義務等を課すものとはなっていないが、今後分野ごとの検討を通じてサイバーセキュリティに関する新たな義務を課すルールとなる可能性もある。

　一方で、既にセキュリティ対応の義務化を決定している事例もある。2018年9月に制定され、2020年1月に施行されるカリフォルニア州IoTセキュリティ法は、IoT機器のセキュリティを規制する全米初の州法であり、機器メーカーに合理的なセキュリティ機能を具備することを義務づけるものである。一方で、同法では「合理的なセキュリティ機能」に関する具体的な記述が見られないことから、施行に当たって曖昧さを残しており、今後の解決が望まれている。

図表2-18 IoT機器が備えるべきサイバーセキュリティ機能の候補[63]

- ●ほとんどのIoT機器に適用することが考えられるベースライン候補
  1. 論理的かつ物理的に識別できる。
  2. ソフトウェア及びファームウェアは、安全で制御された、設定可能なメカニズムを用いてアップデートできる。
  3. 許可されたユーザーは、安全な「デフォルト」状態への復元を含めて、機器の設定を安全に変更できる。機器設定に対する許可されていない変更を防ぐことができる。
  4. 機器及び機器インターフェースへのローカル及びリモートのアクセスを制御できる。
  5. 保存及び送受信されたデータを保護するための暗号を使用できる。
  6. 機器通信の全ての層に、業界が承認した標準化されたプロトコルを使用できる。
  7. サイバーセキュリティイベントの詳細をログに記録し、許可されたユーザー及びシステムがそれらにアクセスできる。
  8. 機器上の全ての保存データは、許可されたユーザーによってリセットでき、全ての内部データストレージから安全に削除される。

- ●全てのIoT機器に要求するには適さない可能性があるベースライン候補
  9. ソフトウェア、ファームウェア、ハードウェア及びサービスの全ての取得元を確認するための情報が開示され、アクセスできる。
  10. バージョンやパッチの状態を含む、現在の機器内部のソフトウェア及びファームウェアの一覧が開示され、アクセスできる。
  11. 機器の設計や設定を通じて、機能を最小限とする指針を実施できる。
  12. 物理的なアクセスを制御できるように設計される。

　サプライチェーンにおけるリスク管理を目的としたルール形成については、図表2-19に示すように、政府機関による調達規制を中心に、電力業界や自動車業界等の重要産業も含め、近年、委託先に対するセキュリティ対策の義務化につながる動きが活発化している。

　図表2-19の中でも、サプライチェーンにおけるセキュリティリスク対応として代表的な事例と言えるのが、米国政府機関において委託先に対するセキュリティ基準として規定され、国防産業では準拠義務が発生しているSP 800-171である。

　2-4-1で述べた通り、連邦政府機関の情報セキュリティ管理について規定したFISMA（連邦情報セキュリティ近代化法）は、連邦政府機関だけでなく、連邦政府機関より業務委託を受けている民間の外部委託先に対してもセキュリティ保護に関する責務を課すことで、連邦政府機関におけるセキュリティの維持を図ろうとするものである。FISMA遵守のためにNISTが策定

---

63 NIST「Considerations for a Core IoT Cybersecurity Capabilities Baseline (DRAFT)」2019年の情報を基に筆者作成。

図表2-19　米国におけるサプライチェーンリスク管理に係る主要なルール

文書名/施策名	適用対象	概要
NIST Cybersecurity Framework ver.1.1	重要インフラ事業者	2013年2月の大統領令に基づき、NISTが政府や民間から意見を集め作成したサイバーセキュリティ対策に関するフレームワーク。1.1版への改定において、サプライチェーンリスク管理に関する対応カテゴリーが設けられた。
FedRAMP	政府機関と契約するクラウドサービス事業者	連邦政府共通のクラウドサービス調達のためのセキュリティ基準及び、同基準に基づいた認証プログラム。
NIST SP 800-161	政府機関と契約するサプライヤー	連邦政府機関に対して組織の全てのレベルにおけるICTサプライチェーンリスクの特定、評価、低減、管理を支援するためのガイダンスの提供を目的とした文書。
NIST SP 800-171	政府機関と契約するサプライヤー	「管理された重要情報（Controlled Unclassified Information）」の機密性を保護するため、連邦政府機関から委託を受ける事業者が実施すべきセキュリティ要件を提示する文書。
国防権限法2019	政府機関	従来からの外国投資リスク審査現代化法案及び、輸出管理改革案の内容が改訂されて挿入・規定されると共に、米国政府機関に対し、特定5社を含む一定の中国企業の通信・監視関連の機器・サービスの購入、利用その他を広汎に禁止する規定も設けた法律。
AIAG Cybersecurity 3rd Party Information Security	OEM（完成車メーカー）と契約するサプライヤー	OEMとそのビジネスパートナー間の情報交換を安全なものとするため、OEMの外部環境でOEMのデータと情報を作成、収集、保存、送信、管理、処理する全ての外部事業者に適用される最小限のセキュリティ要件を提示する文書。
NERC CIP 013-1	電力事業者	大規模発電、送電施設を対象としたセキュリティに関する義務的な標準であるNERC CIPのうち、システムを計画・調達する際に、供給業者の製品・サービスがもたらし得るセキュリティリスクに対応するために講じるべき措置を確立した文書。

しているガイドラインであるSP 800シリーズは、基本的には政府機関での利用を想定した文書だが、もうひとつのターゲットである連邦政府機関より業務委託を受けている民間の外部委託先を主たる対象とした文書も発行されている。それが、SP 800-171（表題：連邦政府外のシステムと組織における管理された非格付け情報の保護）である。

　文書の表題にあるように、SP 800-171は、連邦政府機関から外部委託先等に対して共有された「管理された非格付け情報」（CUI: Controlled

図表2-20　CUIとして登録されている情報カテゴリーの例[64]

組織グループ	CUIカテゴリー	組織グループ	CUIカテゴリー
重要インフラ	●硝酸アンモニウム ●バイオテロに関する脆弱性情報 ●情報システムの脆弱性情報 ●物理セキュリティ ●有害物質	国際合意	●国際合意に関する情報
防衛	●管理が必要な技術情報 ●国防総省の重要インフラセキュリティ情報 ●海軍原子力推進情報	法執行	●事故調査 ●犯罪歴に関する情報 ●DNA ●テロリストのスクリーニング
輸出管理	●輸出管理 ●輸出管理に関する調査	法律	●行政手続き ●児童虐待 ●団体交渉 ●法的特権
金融	●銀行秘密 ●予算 ●消費者の苦情情報 ●電子送金	自然・文化資源	●考古学的資源 ●歴史的建造物 ●国立公園システム資源
入国管理	●亡命者 ●永住権	核技術	●核エネルギー推進資料 ●安全措置に関する情報

Unclassified Information）の機密性の保護を目的としたセキュリティ対策要件集である。CUIとは、法律政令、または政府全体のポリシーが保護または配布管理を要求するような情報であり、各種法令の下で格付けされる情報（Classified Information）を除いたものを指す。具体的には、**図表2-20**のような情報カテゴリーが連邦政府機関によりCUIとして指定を受けている。一方、提示されているカテゴリーは必ずしも具体的でないため、事業者においては保護対象の情報がCUIに該当するかの判断が必要である。

SP 800-171には、アクセス制御やインシデント管理等の14の対策ファミリーに110の管理策が記載されている。日本国内で広く適用されているISMS認証基準のISO/IEC 27001:2013と比べて、技術的な管理策が多く、記載内容は細かい。つまり、ISMS認証を取得しているからと言って、SP 800-171を遵守できているとは言えない。

ルール形成という観点で特に重要なのは、連邦政府機関の調達規則を通じ

64　CUI Categories（https://www.archives.gov/cui/registry/category-list）を基に筆者作成。

て、SP 800-171の遵守を委託先に対して義務化する動きがある点である。連邦調達規則（FAR）52.204-21では、SP 800-171がCUIを扱う情報システム全てを対象とする基準である旨が示されている。適用開始は各省の裁量に委ねられているが、2019年現在、国防総省が調達時の必須要件としての適用を開始している。つまり、SP 800-171の遵守が確認できない事業者は、国防総省が関わる取引から外されるリスクが高くなっている。なお、今後、国防総省以外の省庁での適用も十分に考えられることから、問題はより深刻なものだと捉えられるだろう。

　また、SP 800-171の遵守義務は、国防総省と直接契約する事業者だけでなく、CUIを共有される再委託先以降の事業者にも発生する。つまり、国防総省と直接契約する米国等の事業者と契約を結ぶ日本の事業者（さらにそこからの委託先等も含む）にも規制の手が伸びてくることを意味している。これは、政府機関等でセキュリティ対策の水準を高く維持しても、セキュリティ対策の水準が低いサプライヤーから情報が漏れてしまえばセキュリティマネジメントが維持されないというセキュリティに係るサプライチェーンリスクの性質を非常によく反映している。今後、防衛産業から他産業へと適用範囲が拡大すれば、規制のインパクトはさらに大きなものとなることが確実であろう。

　なお、現在はSP 800-171の遵守は、事業者の自己宣言を通じて確認されているが、防衛関連の調達に関して、管理水準を評価するために、2020年をめどに第三者による認証制度が採用される見通しである。国防総省の講演によれば、新たにサイバーセキュリティ成熟度モデル認証制度（Cybersecurity Maturity Model Certification）を設け、民間の第三者機関が調達先組織のサイバーセキュリティ対策水準を5段階で評価する。評価用フレームワークは現在開発中で、中小規模の事業者も最低要件（レベル1）を充足できる制度を目指すとされている[65]。SP 800-171を核とする米国政府機関（特に国防総省）のルール形成は、第三者認証制度の構築も含め、着々と進められている。現在は、防衛産業が先行した動きを見せているが、対象

65　一般社団法人 日本サイバーセキュリティ・イノベーション委員会（JCIC）「海外動向ニュースクリップ（2019/7/2）」。

範囲の拡大も見据え、今後の動向が注目される。

欧州におけるルール形成の動向：整備されつつあるENISAを軸とした枠組み

　個人情報保護や重要インフラ防護において、ここ数年で対応義務を伴うルールを形成しつつある欧州でも、IoTやサプライチェーンに関するルール策定の動きが見られる。特に、目立った動きとなっているのがIoT機器やICTサービスのセキュリティに関する認証制度をめぐる活動である。前述したように、EUでは、サイバーセキュリティ法（Cybersecurity Act）が2019年6月27日に施行されているが、同法ではENISAに対して、欧州サイバーセキュリティ認証フレームワーク（EU Cybersecurity Certification Framework）を管理するためのルールを策定するよう求めている。そのため、図表2-21のように、ENISA自身が認証機関となり、直接IoT機器やICTサービスの認証を行うわけではない。

　同認証フレームワークは、ICTサービス、IoT機器に公的認証を与えることで、サプライチェーンの品質保証及び事業者間での相互確認負荷低減効果を生むことを狙いとしており、米国NISTにおけるIoT機器のセキュリティに関する検討と同様、法的拘束力により遵守を促すものではなく、フレームワークの採用は事業者の意志に委ねられる。

　なお、同認証フレームワークでは、認証を取得するために対応が必要な具体的な技術要件や評価方法について規定しないとされている。すなわち、特定用途向けIoT機器は、当該用途機器の共通基準に則って審査を受けることが基本であり、IoT機器全体で統一的な基準が採用されるわけではない。ただし、実際に認証に用いられる基準がEU域内外で不一致を起こすことを防ぐため、国際標準の採用が推奨されている。今後、IoT機器やICTサービスの認証カテゴリーや、それぞれのカテゴリーごとの認証基準が具体的に議論されることが予想される。

　一方で英国は、IoT機器のセキュリティに対して、EUとは異なるスタンスで取り組んでいるよう見受けられる。2018年10月に英国デジタル・文化・メディア・スポーツ省（DCMS）は、消費者向けIoT機器を利用するユーザーのセキュリティに関する負担を軽減するため、IoT機器のメーカー等が実

図表2-21　欧州サイバーセキュリティ認証フレームワークに係る体制

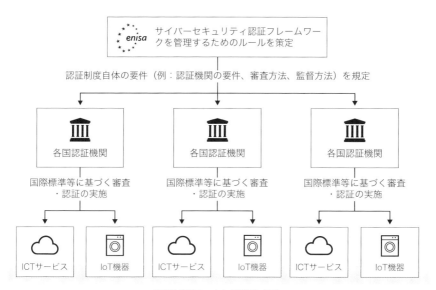

践すべき対策を**図表2-22**のような13項目のガイドラインにまとめた「消費者向けIoT製品のセキュリティに関する行動規範」（Code of Practice for Consumer IoT Security）を公表している。

　また、英国は、上記の行動規範に基づいた標準を欧州電気通信標準化機構（ETSI）に提案しており、2019年2月に欧州標準として公表されている。こちらで規定している13項目は英国の行動規範と実質的に同じだが、それぞれ細分化がなされており、必須要件（M）と推奨要件（R）、条件付き必須要件（MC）、条件付き推奨要件（RC）に整理されている。

　こちらは、前述した欧州サイバーセキュリティ認証フレームワークとは異なり、消費者IoT製品という枠内で、具体的な要件を定めて遵守を求めている。一方、GDPRのようにそれ自体が義務を伴うようなルールの形成ではなく、まずは標準を策定し、事業者の自発的な対応を促している点で両者は共通している。とはいえ、ユーザー事業者の調達仕様等に準拠すべき基準として盛り込まれることにより、対応が実質的にメーカーやサービス事業者にと

図表2-22 英国「消費者向けIoT製品のセキュリティに関する行動規範」の推奨事項[66]

1. デフォルトパスワードを使用しない	8. 個人データの保護を徹底する
2. 脆弱性の情報公開ポリシーを策定する	9. 機能停止時の復旧性を確保する
3. ソフトウェアを定期的に更新する	10. システムの遠隔データを監視する
4. 認証情報とセキュリティ上重要な情報を安全に保存する	11. 消費者が個人データを容易に削除できるように配慮する
5. 安全に通信する	12. デバイスの設置とメンテナンスを容易にできるように配慮する
6. 攻撃対象になる場所を最小限に抑える	
7. ソフトウェアの整合性を確認する	13. 入力データを検証する

っての義務となる可能性もある。

　他方、欧州では、米国で見られたような、サプライチェーンリスクに対する活発なルール形成の動きは目立っていない。

　以上のように欧州では、GDPRによる個人情報保護規制の強化やNIS指令によるサイバーセキュリティ対策等の義務化に加え、IoTの領域を中心に新たなルールが形成されつつある。サプライチェーンの側面が政策的にはあまり強調されていないという点で米国の状況とは異なるものの、機器やサービスの認証等の進展を通じて状況は変化し得るため、今後も継続して欧州委員会（EC）やENISA等の政府機関や業界団体、個々の事業者等による対応を注視しておく必要がある。

日本におけるルール形成の動向

　2018年9月に閣議決定された「サイバーセキュリティ戦略」において、「経済社会の活力の向上及び持続的発展」という目標の達成のため、「多様なつながりから価値を生み出すサプライチェーンの実現」や「安全なIoTシステムの構築」が施策として挙げられていることからもわかるように、日本のルール形成の現場でも、米国や欧州と同様、IoTやサプライチェーンに係るセキュリティリスクが重要なリスクだと捉えられている。以下で、それらのリスクに対するルール形成の動きを概観したい。

66　下線を付した項目は、義務化を視野に入れているものを指す。

総務省では、安全なIoTシステムの構築のため、端末機器の基準認証に関する運用について明確化を図る観点から、3月に「端末設備等規則及び電気通信主任技術者規則の一部を改正する省令」を公布し、関連して同年4月に「電気通信事業法に基づく端末機器の基準認証に関するガイドライン（案）」を公表している。同ガイドライン（案）では、IoT機器等の通信機能を有した機器が技術適合認定等（以下、「技適」と表記）を取得する際に、当該機器が、①アクセス制御機能、②デフォルトパスワードのまま運用している場合に変更を促す機能、③ファームウェアのアップデート機能、④電力の供給が停止であってもアクセス制御機能や通信機能に係るソフトウェアの設定が停止前の状態を維持できること、という4つのセキュリティ機能を有していることを要求することが明確化されている。インターネットプロトコルを利用し、インターネット等に直接接続して使用される機器は、上記の基準も満たして技適認定等を受ける必要がある。一方で、例えば既に技適認証等を取得しているルータ等に接続して利用される機器（例：家庭用ルータに接続して稼動するIoT家電）は技適認証等を必ずしも有している必要はない。

　2020年4月に施行される、総務省による上記のルール形成は、電気通信事業法の規定における技適認証等という制度を活用したもので施行時の影響が大きいものと言える。一方で、インターネット等に直接接続しないIoT機器等を必ずしも対象としない点で対応の余地を残しているものでもある。

　一方で、経済産業省では、2017年から設置している産業サイバーセキュリティ研究会の枠組みの中で、2019年度から、IoT機器の信頼性に関する検討を実施するタスクフォースを立ち上げている。同タスクフォースの第1回会合資料では、前述した「諸外国の動向も踏まえながら、サイバー・フィジカル間の転写機能を持つ機器について、ユーザーのリスクや社会に与える被害を考慮した信頼性確保に求められる要件を整理」し、「業界の自主活動を含めた自己適合宣言・認証等の確認の在り方等を検討するとともに、産業保安・製品安全も考慮したセキュリティ対策の在り方について検討を行う」とされている。当該タスクフォースは2019年8月に初回会合があり、本書執筆時点においては、検討が始まったばかりのため、IoT機器メーカーやユーザー等は、総務省のルール形成に加えてこちらについても、今後の議論の動向

図表2-23 政府・公共調達の安全性確保のための施策[67]

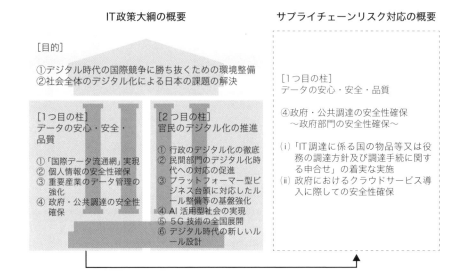

及び検討のアウトプットを注視しておく必要があるだろう。

　また、日本でも米国と同様、サプライチェーンにおけるリスク管理を目的としたルール形成は、政府調達分野を中心に展開している状況にある。**図表2-23**に示すように、2019年6月に公表された「デジタル時代の新たなIT政策大綱」では、政府・公共調達の安全性確保のための施策として、(i)「IT調達に係る国の物品等又は役務の調達方針及び調達手続に関する申合せ」の着実な実施、(ii) 政府におけるクラウドサービス導入に際しての安全性確保の2つを挙げている。

　(i) は政府機関等によるITシステム・IT機器・システム開発役務等の調達のうち、特に重要なシステムに係る調達について、NISCと協議の上、必要な措置（例：RFIやRFPといった事前の情報取得、審査の過程におけるセキュリティに係る評価）を講じることが求められているものである。特に、政府機関の重要システムに関して、サプライチェーンリスクへの対応を

67　高度情報通信ネットワーク社会推進戦略本部 官民データ活用推進戦略会議「デジタル時代の新たなIT政策大綱」2019年を参考に筆者作成。

改めて徹底しようとするものとして捉えることができる。こちらは、2019年度予算に基づき同年4月1日以降に調達手続が開始されている。

また、(ii)は、民間事業者でも広く利用が進んでいるクラウドサービスについて、十分なセキュリティ対策が行われているサービスを調達する必要があることから、総務省及び経済産業省が連携し、政府がクラウドサービスを導入する際の安全性評価基準及び安全性評価の監査を活用した評価の仕組みを導入することを検討しているものである。

これら2つの動きは、米国政府機関においてファーウェイ、ZTE、ハイテラ、ハイクビジョン、ダーファの5社（関連企業を含む）が提供する通信・監視機器やサービスの調達を禁止している国防権限法2019や、政府機関向けクラウドサービス認証制度であるFedRAMPの存在を意識したものと考えられる。その意味で、これらは、外国発のセキュリティルールに対する日本としてのキャッチアップの動きとして捉えることができる。

以上のように日本では、インターネット等に直接接続するIoT機器等への規制の例を除けば、欧米におけるルール形成の影響を受けつつ国内のルールを策定している場合が多い。それは裏を返せば、海外動向の変化を通じて国内ルールの変化がもたらされる可能性があることを示唆している。よって、欧米等でビジネスを展開する場合は言うまでもなく、日本で主にビジネスを展開する場合においても、欧米等のルール形成の動向に目を光らせ、ルールの変化に迅速に対応できるようにしておくことが重要だと言える。

2-5 つながる世界におけるビジネスの鍵を握るサイバーリスク対応

これまでに述べた通り、IoTやAI等を用いたデータ利活用の進展を通じて、ビジネスにおける信頼性を揺るがし得るものとして、サイバーリスクがますます重要なものとなっている。各国の政府機関等もそのような見通しを

重く受け止め、個人情報保護やIoT機器のセキュリティ保護、サプライチェーンに係るサイバーリスク対応等の様々な観点からルール形成を図っている状況にある。一方、事業者にとっては、重要性を増すサイバーリスクへの自発的な対応に加え、上記のルール形成への対応等が、デジタル技術を活用してビジネスを革新しようとする際の負担としてのしかかってくる。

2-3では、事業者側もサイバーリスクの重要性を認め、CISOを設置する等して、経営課題として対応を進める動きを（欧米の水準には及ばないものの）強めていることを示した。しかし、多くの事業者における現在のCISOの役割は、前述したサイバーリスクの進化やルール形成の動向に十分対応できているとは言えない。というのは、IoT機器やデータの利活用を前提としたサービスの提供がサイバー攻撃や規制のターゲットとなりつつあるにもかかわらず、CISO等の所掌範囲は、基本的には社内情報システムが中心であり、自社製品/サービスに関して責任を持つケースが少ないからである[68]。自社の本業である製品/サービスにおけるリスク対応に関して、CISO等のサイバーリスク対応に知見を有した担当者による関与が制限される場合、リリースされる新たな製品/サービス（及び、それらを構成する他組織から調達した構成要素）における本来見抜けたはずの技術上、コンプライアンス上の欠陥が看過される可能性が高くなる。実際、顧客等から収集したデータを利活用した製品/サービスにおける基本的な対応の不徹底、信頼の失墜は、近年枚挙に暇がない。翻って言えば、第4次産業革命の時代にあって今後、組織の本業におけるサイバーリスク対応が重要な課題となる中で、リスクを適切に捉え、他組織に先立って対応することは自組織のビジネスを維持・拡大する強みにつながる可能性がある。

上記の課題意識を踏まえ、第3章以降では、事業の価値や継続性を維持・向上する上で重要度を増していくサイバーリスクの全体像の捉え方や、具体的な対応方法について述べていく。

---

68 IPA「CISO等セキュリティ推進者の経営・事業に関する役割調査 ─調査報告書─」2018年。

第**3**章

つながる世界における
信頼性確保の考え方

3-1 つながる世界の特性と サイバーリスクの変化との関係

　これまでで述べたように、「つながる世界」の進展は、産業構造やサプライチェーンのあり方に大きな変化をもたらすことが予想される。「Society 5.0」で目指すような、あらゆる人やモノがつながる世界では、サイバーリスクの発生確率と影響の大きさという両側面において重要性を増すこととなる。これまで述べてきたサプライチェーンに起こる変化が、サイバーリスクとそれに対する対応に与える影響を整理したのが**図表3-1**である。

　設計情報や機器の稼動情報等の有用性の高いデータを組織を跨いで利活用することは、サービスの質の向上に貢献し得る反面、十分にセキュリティ対策の施されていない組織に保護すべきデータが渡るリスクも孕んでいる。データの性質を踏まえ、データ提供先とも連携しながら適切な管理措置を講じることの重要性がより高まる。

　組織を跨るデータの流通の基礎となるIoTの活用は、フィジカル空間とサイバー空間とのつながりを構成するサイバー・フィジカル・システムに必要不可欠な要素だが、一方で脆弱なIoT機器／システムは格好の攻撃ターゲットになる。本書冒頭でも述べたように、情報漏えい等、サイバー空間に閉じていた攻撃の影響を、IoT機器を通じてセーフティへの懸念につながる可能性も考慮しなければならない。

　IoTや組織を跨いだデータ利活用の進展は、運用段階も含めたサプライチェーン全体の構造変化につながる。これまで以上に複雑につながるサプライチェーンは、攻撃の影響範囲の拡大にもつながる。

　これらの変化を意識して、各国政府がサプライチェーンやIoT等の新たな領域におけるルール形成に乗り出していることは第2章でも述べた通りである。こうした事業者にとって不確実性の高い状況において、サイバーセキュリティやコンプライアンスに関するリスクを適切に管理しつつ「つながる世界」の恩恵を最大限に得るためには、「つながる世界」の全体像を把握しながら、生じうるリスクを識別し、リスクの大きさに基づいて適切な対応を行

図表3-1　つながる世界におけるサイバーリスクの変化[69]

サプライチェーンに起こる変化

組織を跨いだ大量のデータの流通・連携

IoTの進展を通じたフィジカル空間と
サイバー空間の融合

これまで以上に複雑につながる
サプライチェーン

サイバーリスクとその対応に及ぶ影響

● データの性質に応じた適切な管理の重要性が増大

● サイバー空間からの攻撃がフィジカル空間まで到達
● フィジカル空間から侵入してサイバー空間へ攻撃を仕掛けるケースも想定
● フィジカル空間とサイバー空間の間における情報の転換作業への介入

● サイバー攻撃による影響範囲が拡大

うことが必要である。

3-2 つながる世界の捉え方
──三層構造モデル、6つの構成要素、信頼性

3-2-1　つながる世界のリスクを捉えるモデル：三層構造、6つの構成要素

　IoTやデジタルトランスフォーメーションという言葉が生まれる前、組織におけるデータの利活用は限定的で、組織の本業に対するIT技術の寄与は大きくなく、組織間のデータのやり取りが最小限に抑えられていた状況では、特定の機微な情報（例：クレジットカード情報、診療情報）を扱うシステムや、ミッションクリティカルな役割を担うシステムを除けば、ともすればセキュリティは単なるコストでありシステム構築予算の獲得状況によっては削減されることも多い費目であった（読者においてはそうでないことを願う）。

69　経済産業省「サイバー・フィジカル・セキュリティ対策フレームワーク Ver. 1.0」2019年。

しかし、そのような状況が既に変わってしまっていることはこれまでに述べた通りである。デジタルトランスフォーメーションを通じて、IT技術は組織の核となる事業の部分まで入り込み、IoTを通じて、例えば工場やビル、公共空間等のフィジカル空間にまで影響の範囲を伸ばしている。そんな今こそ、「つながる世界」の全体像を把握し、生じうるリスクを適切に管理する取組みを本格化するときである。

以上で述べた、フィジカル空間とサイバー空間が強く結びついた新たな形態の社会（Society 5.0）における、サイバーリスク対応の全体像を示すために策定されたのが「サイバー・フィジカル・セキュリティ対策フレームワーク」（以下、「CPSF」と表記）である。CPSFでは、Society 5.0のサイバーリスクを分析するための枠組みとして、三層構造モデルと6つの構成要素という2つの新しい概念を導入している。

Society 5.0のサイバーリスクを分析する視座
——三層構造と6つの構成要素

三層構造モデルとは、第4次産業革命の進んだ社会における動的かつスマートなビジネスモデルやサプライチェーンを所与のものとして、その中のセキュリティ上のリスク源を的確に洗い出し、対応方針を示すため、図表3-2のように3つの層でSociety 5.0等で提唱されている社会像を整理したものである。これまでに述べたように、IoTやデータの利活用は、製造段階（例：スマート工場）や運用段階（例：機器から収集したデータを活用したリモートメンテナンス）等の様々な段階（フェーズ）でなされる。三層構造モデルは、サプライチェーンにおける様々なフェーズに適用可能な枠組みを提供するものである。

「第1層－企業間のつながり」は、実際にビジネスを実行する企業間のつながりから構成されるサプライチェーンを指している。第1層が示す領域においては、サイバーリスク対応という観点から、従来から運用されている情

サイバー空間におけるつながり
【第3層】
● 自由に流通し、加工・創造されるサービスを創造するためのデータの信頼性を確保

フィジカル空間とサイバー空間のつながり
【第2層】
● フィジカル・サイバー間を正確に"転写"する機能の信頼性を確保（現実をデータに変換するセンサーや電子信号を物理運動に変換するコントローラ等の信頼）

企業間のつながり
【第1層】
● 適切なマネジメントを基盤に各主体の信頼性を確保

報セキュリティマネジメント（ISMS）適合性評価制度[71]や関連する他の枠組みが成熟しており、ISMS認証の取得や秘密保持契約（NDA）の締結等を通じて信頼性の確認された組織間のつながりを構成し、サプライチェーン全体でのセキュリティ確保につなげる仕組みも整備されてきている。一方で、ISMS適合性評価等で広く参照されている国際規格であるISO/IEC 27001:2013は、情報セキュリティにおける基本的な原則を提供する標準であり、依然として重要な文書ではあるものの、Society 5.0等で所与のものとされているIoTや組織を跨いだデータ流通等を想定して策定されているわけではない。つまり、データドリブンな事業、組織、ひいては社会において総合的なサイバーリスク対応を実施しようとするならば、従来から運用されている組織のマネジメントに基礎を置いた対応に加え、以下で触れる第2層や第

---

70 経済産業省「サイバー・フィジカル・セキュリティ対策フレームワーク Ver. 1.0」2019年。
71 情報セキュリティマネジメントシステム（ISMS）適合性評価制度は、国際的に整合性のとれた情報セキュリティマネジメントシステムに対する第三者適合性評価制度である。本制度は、わが国の情報セキュリティ全体の向上に貢献するとともに、諸外国からも信頼を得られる情報セキュリティレベルを達成することを目的とする（https://isms.jp/isms/about.html）。

3層といった観点も含めてリスクを把握、評価、対応する必要がある。

「第2層－フィジカル空間とサイバー空間のつながり」は、IoT機器を介して機能が果たされる、フィジカル空間における様々な情報をデジタル化してサイバー空間に送り出す領域、サイバー空間で加工・編集されたデータをフィジカル空間に展開する領域の双方を指している。センサー等でフィジカル空間の情報を収集し、それを活用して業務改善やビジネスモデルの変革を図ると言っても、収集されるデータがそもそも信頼の置けないものであったり、解析結果等に基づいてフィジカル空間で動作するはずの機器やシステムが適切に動作しない状態であったりすれば、IoTやデータの利活用により支えられているエコシステム全体の信頼性が揺らぎかねない。ゆえに、第2層では、IoT機器が担うフィジカル空間とサイバー空間との間の変換機能（CPSFでは、「転写機能」と呼ばれる）の信頼性をいかに維持・向上するかが焦点となる。

「第3層－サイバー空間におけるつながり」は、組織を跨いでデータが流通、利活用される領域（Data processing chain）を指す。第3層では、組織間で流通、利活用されるデータが質・量ともに増大することを通じて、なりすましや改ざん、情報漏えい、サービス停止等の従来から存在するサイバーリスクが、組織の本業にも影響を及ぼすより重要なリスクとなって立ち現れる。ゆえに、第3層では、組織を跨いでデータが流通することを所与として、データ及び、データを取り扱うシステム等の信頼性をいかに維持・向上するかが焦点となる。

CPSFでは、三層構造モデルにて定義される3層のそれぞれにおいて適切にリスクが管理され、機能を保全することでSociety 5.0等で提唱されるデータドリブンな社会が適切に維持されると考えられている。

また、CPSFでは三層構造モデルに加え、組織が直面する可能性のあるリスクを把握し、リスクごとの重要性を評価した上で対応を検討するリスクベースの対応を補助するための観点として、**図表3-3**のように6つの構成要素を定義している。

図表3-3　リスク分析において観点として考慮すべき6つの構成要素[72]

構成要素	定義
ソシキ	サプライチェーン（バリュークリエイションプロセス）に参加する企業・団体・組織
ヒト	ソシキに属する人、及びサプライチェーンに直接参加する人
モノ	ハードウェア、ソフトウェア、及びそれらの部品、操作する機器を含む
データ	フィジカル空間にて収集された情報、及び共有・分析・シミュレーションを通じて加工された情報
プロシージャ	定義された目的を達成するための一連の活動の手続き
システム	目的を実現するためにモノで構成される仕組み・インフラ

　6つの構成要素は、品質マネジメントの技法である4M（Man、Machine、Material、Method）を参考に、組織の事業活動を構成する要素を抽象化したものである。三層構造モデルに基づいて包括的なリスクの洗い出し、分析等を実施しようとする際、リスクを生じさせる可能性のある要素（リスク源）を様々な角度から網羅的に検討する必要があるが、事業活動を構成する要素は、翻って事業活動への悪影響につながる弱点にもなり得る。その際、リスク源の整理に有用な枠組みを提供するのが6つの構成要素である。

　セキュリティの文脈において、リスク源は、望ましくないインシデントの潜在的な原因である「脅威」と、脅威によって付け込まれる可能性のある弱点である「脆弱性」に分けられる。例えば、マルウェアという「脅威」が、自組織が管理するソフトウェアに残存した「脆弱性」に付け込むことで機器に感染し、結果として、情報漏えいや誤動作等の「リスク」を顕在化させる可能性がある。

　CPSFでは、例えば、**図表3-4**のように特に脆弱性を抽出する際の観点として、6つの構成要素を用いた分析を行っている。

　以上の通り、CPSFでは、三層構造モデルと6つの構成要素という2つの新しい概念を用いて、サイバー空間とフィジカル空間が高度に融合する社会を単純化することで、サイバーリスクの分析を実施する際の新たな枠組みを

72　経済産業省「サイバー・フィジカル・セキュリティ対策フレームワーク Ver. 1.0」2019年。

図表3-4　6つの構成要素という観点による脆弱性の抽出[73]

提案している。

73　経済産業省「サイバー・フィジカル・セキュリティ対策フレームワーク Ver. 1.0」2019年。

図表3-4　6つの構成要素という観点による脆弱性の抽出[73]

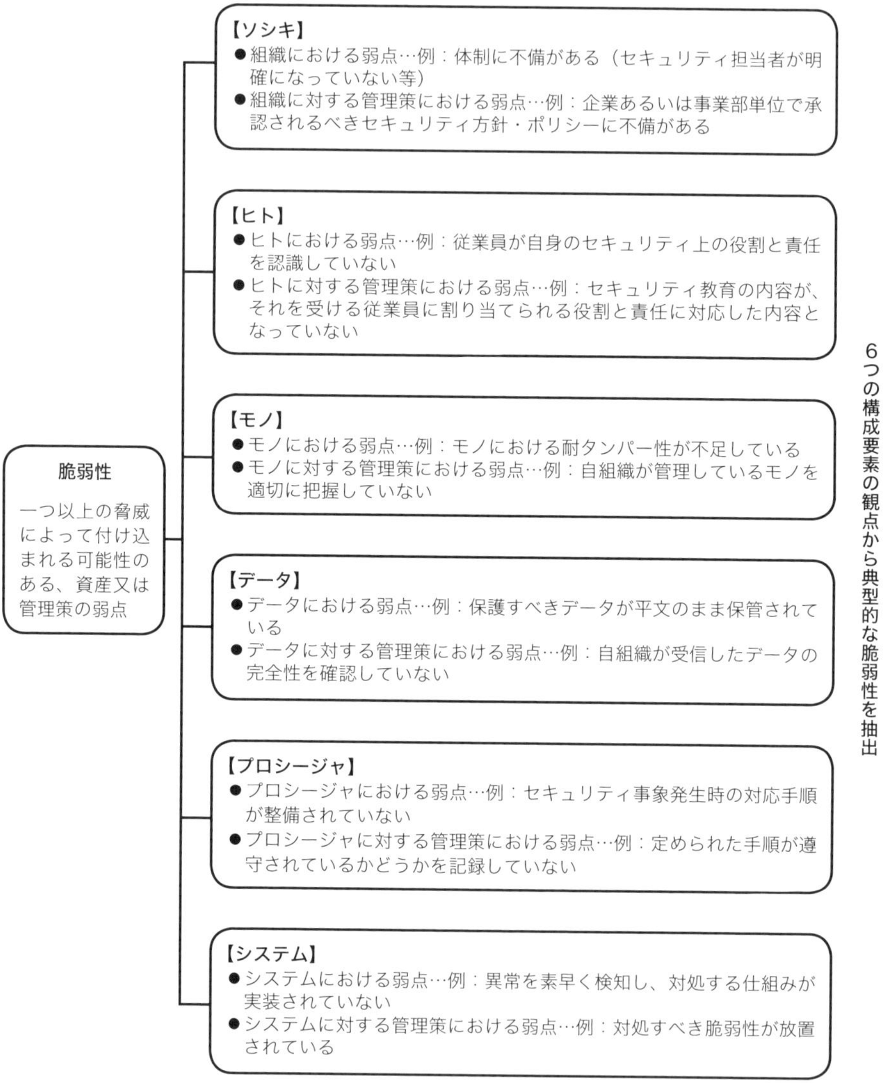

脆弱性

一つ以上の脅威によって付け込まれる可能性のある、資産又は管理策の弱点

【ソシキ】
- 組織における弱点…例：体制に不備がある（セキュリティ担当者が明確になっていない等）
- 組織に対する管理策における弱点…例：企業あるいは事業部単位で承認されるべきセキュリティ方針・ポリシーに不備がある

【ヒト】
- ヒトにおける弱点…例：従業員が自身のセキュリティ上の役割と責任を認識していない
- ヒトに対する管理策における弱点…例：セキュリティ教育の内容が、それを受ける従業員に割り当てられる役割と責任に対応した内容となっていない

【モノ】
- モノにおける弱点…例：モノにおける耐タンパー性が不足している
- モノに対する管理策における弱点…例：自組織が管理しているモノを適切に把握していない

【データ】
- データにおける弱点…例：保護すべきデータが平文のまま保管されている
- データに対する管理策における弱点…例：自組織が受信したデータの完全性を確認していない

【プロシージャ】
- プロシージャにおける弱点…例：セキュリティ事象発生時の対応手順が整備されていない
- プロシージャに対する管理策における弱点…例：定められた手順が遵守されているかどうかを記録していない

【システム】
- システムにおける弱点…例：異常を素早く検知し、対処する仕組みが実装されていない
- システムに対する管理策における弱点…例：対処すべき脆弱性が放置されている

6つの構成要素の観点から典型的な脆弱性を抽出

提案している。

73　経済産業省「サイバー・フィジカル・セキュリティ対策フレームワーク Ver. 1.0」2019年。

3-2-2 つながる世界において確保すべき信頼性

　本書ではこれまで、「信頼」や「信頼性」という言葉をあまり定義もせず
に使用してきたが、これらの曖昧な用語を定義、整理せずに使用することは
本来望ましくない。「信頼」は、G20大阪サミットでの安倍総理大臣による
演説で提唱された「データ・フリー・フロー・ウィズ・トラスト」（信頼た
るルールの下でのデータの自由な流通）等でも言及されている概念であり、
様々なメディア等でも利用されている。様々な領域で広く使われている言葉
であるからこそ、尚更用語の定義や整理を行うことが重要である。

「信頼」(Trust) と「信頼性」(Trustworthiness)

　「信頼」（Trust）は、経済学や心理学、社会学等の広範な学問分野で議論
されている概念であり、統一的な定義がなされているわけではないものの、
様々な分野で共通して以下のような理解があるとされている。

　　「信頼とは、他者の意図や行為に関するポジティブな期待に基づいて、脆
弱性を受容する意思を成す心理状態である。」[74]

　「信頼」状態にある主体は、①信頼を向ける対象の行為や意図に期待を持
っており、②期待に基づいて脆弱性（ここでは、単に「リスク」の意味）を
受け入れる意思を有している。一般的に、主体は他の主体に関する完全な情
報を得ることが不可能なため、他の主体を信頼してリスクを受容すること
は、取引上の複雑性（例：取引先のモニタリングにかかる費用）を縮減し、
組織間の取引や提携等の実施を円滑にする効果がある。例えば、一般的に、
過去に豊富な取引実績のある取引先と取引をする場合、実績のない取引先と
取引する場合と比べて、簡便な審査プロセスで取引を開始することが可能で
ある。「豊富な取引実績のある取引先」に関して、自身は必ずしも完全な情

74　Denis M. Rousseau, Sim B. Sitkin, Ronald S. Burt and Colin Camerer「NOT SO DIFFERENT
　　AFTER ALL: A CROSS-DISCIPLINE VIEW OF TRUST」（Academy of Management Review, Vol.
　　23, No. 3）1998年より筆者翻訳。

報を有しているわけではないが、過去の実績による信頼関係に依拠することで、彼らを審査するプロセスの一部がスキップされる。逆に、他の主体に関して完全な情報の獲得や完全な予期が可能であれば、信頼はその役割を失う[75]。社会が、他者に対する完全な情報を得ることが難しい不確実性の大きいものとなればなるほどに、組織間の取引や提携等の実施等において信頼が果たす役割の重要性は高くなると考えられる。

　また、上記の定義では「他者」（an other）としたが、信頼を向ける対象としては、組織やヒトだけでなく、モノやシステム、データも想定される。例えば、システムに対する信頼とは、主体がシステムの動作に関する期待を有し、その期待に基づいてシステムに含まれるリスクを受容することを指すと捉えられる。従来のビジネスでは、組織やヒト、それらにより実施されるプロセスが主な信頼の対象となっていたが、三層構造モデルでも描かれているように、ビジネスにおけるIoTやデータ流通等の進展を通じて、信頼の対象としてのモノやシステム、データの重要性が増すことが予想される。

　では、ある主体が信頼に値するかどうかを判断する際に、主体は何を期待するのだろうか。上記の問いにひとつの回答を示しているのが、広義の「信頼性」（Trustworthiness）である。IoTに関連する国際標準化を担当するISO/IEC JTC 1/SC 41[76]では、「信頼性」を、「信頼又は確信に値する特性」と定義している[77]。つまり、信頼を受ける側が、信頼を得るにあたって有しておくべき特性が信頼性という関係にある。「信頼性工学」（Reliability engineering）のように、リライアビリティ（Reliability）の訳として「信頼性[78]」を用いることがしばしばある。「リライアビリティ」はモノやシステム

75　真鍋誠司、延岡健太郎「信頼の源泉とその類型化」（国民経済雑誌 187（5））2003年。

76　ISO（International Organization for Standardization）とIEC（International Electrotechnical Commission）は、スイス民法による認可に基づいて法人格を有している非政府組織であり、双方から様々な国際規格が開発、発行されている。JTC 1とはISOとIECが合同で設立した技術委員会（Technical Committee）であり、SC 41とはJTC 1における分科委員会（Sub-Committee）のうち、IoTに関わる標準化を担当しているものを指す。

77　ISO/IEC 20924 : 2018 Internet of things（IoT）–Vocabulary より筆者翻訳。

78　"Reliability"の訳としての「信頼性」は、JIS-Z8115:2000『信頼性用語（Glossary of Terms Used in Reliablity)』において、「アイテムが与えられた条件で規定の期間中、要求された機能を果たすことができる性質」と定義される。

が備えるべき非常に重要な特性のひとつだが、ここで用いる「信頼性」（Trustworthiness）は、「リライアビリティ」を含むより広義の概念として定義される。

　なお、「信頼」（Trust）と「信頼性」（Trustworthiness）が異なる概念だと理解しておく必要がある。実際には「信頼性」を有していない主体を「信頼」してしまう失敗は世の中にありふれている。信頼していた人物から裏切られたり、不良品をつかまされたりした経験は多くの人にあるのではないか。だからこそ、重要なのは、対象がヒトであれ、組織であれ、モノであれ、「信頼性」を備えた主体を「信頼」するということである。もしそうしなければ、「信頼」の基礎にある他者に対するポジティブな期待はあっさりと裏切られてしまうかもしれない。

　「信頼性」の確保を通じた「信頼」の醸成を制度的に担っている例のひとつが、認証制度である。「信頼又は確信に値する特性」（期待の水準）を定義するのが国際的に承認を得ている標準規格であり、規格で定めた要求事項が遵守されていることを然るべき資格を有した審査員や審査組織が決まったスパンで証明することを通じて、認証が取得される。企業間取引であれば、発注元は発注先候補が然るべき認証（例：品質マネジメントシステム認証）を有していることを確認することを通じて、発注先候補に「信頼又は確信に値する特性」があると期待する。認証等の取得を確認するだけでなく、実際に監査等を通じて規格等の要求事項が遵守されているかを発注元が確認するのは限られたケースと考えられるため、他の主体を信頼し、残存リスクを受容すること（認証取得時に要求事項を遵守していることは、必ずしも取引実施時に要求事項が遵守されていることを確証するものではない）等を通じて、発注元と発注先双方の取引にかかるコストが軽減されることとなる。これが認証制度という枠組みを通じて生まれる信頼の効用である。

　IoTやAIのような技術的に新しい領域でも、標準規格等の形で信頼の期待水準（Trustworthiness）を定義しようとする動きが生じつつある。本書のテーマに関連して、ISO/IEC JTC 1/SC 41では、特にIoTにおける信頼性（IoT Trustworthiness）を、「セキュリティ、プライバシー、セーフティ、リライアビリティ、レジリエンスが確保されていることが、IoT実装の

図表3-5 従来のITとOTにおける信頼性とIoTの信頼性との関係[79]

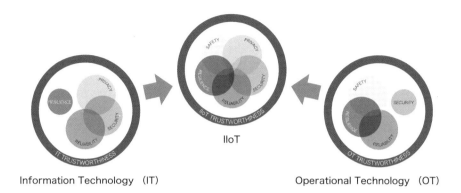

Information Technology（IT）　　　　　　　Operational Technology（OT）

ライフサイクル全体において、信頼又は確信できるという特性」[80]と定義している。上記は、特定分野に依らない一般的な定義を与えているが、AIやIoTのような具体分野において信頼を醸成するにあたり必要となる特性（信頼性）の検討は個別に議論されている状況にある。

　こうした定義は、第1章及び第2章で触れたNISTやIndustrial Internet Consortium（IIC）における検討がベースとなっている。IICでは、IoTの信頼性が**図表3-5**に示す、相互に関係し合う5つの特性に基づいているとしている。つまり、IoT（特に産業分野におけるIoT）においては、「セーフティ」（ヒトや環境、設備等に物理的な被害が及ばない）、「セキュリティ」（情報が不正にアクセスされたり、変更、破壊されていない）、「プライバシー」（個人に関わる情報の取扱いが本人により適切にコントロールされている）、「レジリエンス」（中断が発生したシステムやモノが許容可能なレベルでサービスを維持している）、「リライアビリティ」（システムやモノが指定された期間、指定された条件下で必要な機能を実行している）を維持・向上しながら十分なパフォーマンスを果たすことが期待されていると言える。

　従来、工場等の「現場側」（OT）では、セーフティの確保や、物理的な

---

79 Industrial Internet Consortium「Industrial Internet of Things Volume G4: Security Framework」2016年。
80 ISO/IEC 20924: 2018 Internet of things (IoT)–Vocabulary より筆者翻訳。

プロセスにおけるリライアビリティに重きが置かれてきた。一方、セキュリティやプライバシーに十分な配慮がなされてきたとは言えない。セキュリティやプライバシーは「オフィス側」にある情報システム（IT）で主要な考慮事項とされてきたもので、「現場側」と「オフィス側」における考慮事項は切り離されて考えられることが多かった。しかし、これまで述べてきたように、IoTやデータ利活用の進展を通じて、ヒトやプロセスがシステムやデータに依存する程度が高まっていることから、これまで別個に議論されてきたポイントを改めて「IoTの信頼性」という概念で再編成されていることを認識する必要がある。

　「IoTの信頼性」をより高い水準で確保することを通じて、組織は例えば下記のような効用を得ることが可能とされている。IoTの信頼性確保が組織の価値向上、事業リスクの回避、低減に大きく貢献できることが示されている[81]。

- サービス提供等における不良に対する補償の支払い水準を下げる
- 規制への違反等による規制機関への罰金を回避する
- ブランドイメージの強化により、販売レベルと販売あたりの収益を増加させる
- 事業保険の費用をより少額にする
- 法的防衛に関するリスクとコストを削減する
- 株主価値を増加させる

三層構造モデルにおいて確保すべき信頼性

　CPSFでは、特にサイバーセキュリティの観点を中心に、信頼性の確保を通じた信頼の創出について、上記で述べたIICとは異なる、「つながり」という観点を重視したアプローチで言及している。

　三層構造モデルの各層では、「つながり」の信頼性を確保するために、以下のような対応が求められる。各層における主な信頼の対象として、第1層

81　IIC「The Industrial Internet of Things: Managing and Assessing Trustworthiness for IIoT in Practice」(An Industrial Internet Consortium White Paper) 2019年 より筆者翻訳。

図表3-6　三層構造モデルに基づいた信頼性の確保の考え方[82]

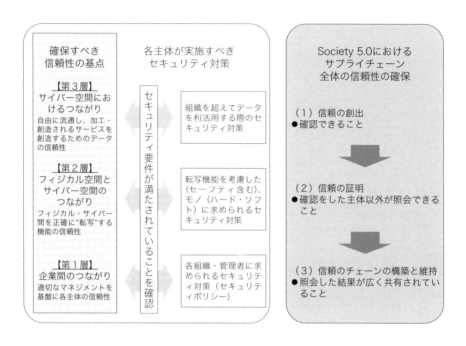

では組織、ヒト、プロシージャ、第2層ではモノ（特にIoT機器）、第3層ではデータとシステムが想定される。そのため、各層について各主体が実施すべきセキュリティ対策は下記のように整理される。

- 第1層：各組織・管理者に求められるセキュリティ対策（セキュリティポリシー）
- 第2層：転写機能を考慮した（セーフティ含む）、モノ（ハード、ソフト）に求められるセキュリティ対策
- 第3層：組織を超えてデータを利活用する際のセキュリティ対策

「信頼性の確保」という観点から特徴的なのは、各層において「期待」を

82　経済産業省「サイバー・フィジカル・セキュリティ対策フレームワーク Ver. 1.0」2019年。

形成する対策の要件が述べられているだけでなく、**図表3-6**で示されているように、対策の要件が満たされていることを「確認できる」という点を強調していること、「信頼の創出」、「信頼の証明」、「信頼のチェーンの構築と維持」という3段階の確認方法が定められていることである。

　（1）信頼の創出は、例えば、調達したIoT機器に必要なセキュリティ要件が具備されていることが、売り手による自己宣言や買い手による確認、第三者認証の確認等を通じて売り手と買い手の間で確認されていることが該当する。（2）信頼の証明は、「信頼の創出」における確認の主体（自己宣言ならば自身、買い手による確認ならば買い手、第三者認証ならば審査機関）以外が、確認の結果を照会できることを求めている。例えば、品質マネジメントシステム（QMS）や環境マネジメントシステム（EMS）、情報セキュリティマネジメントシステム（ISMS）等の認証を取得している組織を、当該組織と特段取引関係であるわけでないユーザーでもウェブ上で検索することができるが、これは信頼の基礎となる「期待」を形成するために必要な情報を流通させるひとつの仕組みだといえる。（3）信頼のチェーンの構築と維持は、「信頼の創出」と「信頼の証明」を繰り返すことで信頼関係を、単に直接の取引先間だけで構築するのではなく、サプライチェーンのような重層的な取引関係にまで広げて構築することを求めている。「信頼のチェーンの構築と維持」を通じて、サプライチェーンがエンドトゥエンドで信頼できるものになる。今後、サプライチェーンがより動的で複雑なものとなることを通じて、よりビジネスにおける不確実性が増すことを踏まえれば、サプライチェーンで信頼性を確保するという取組みが、品質管理やコンプライアンス対応、リスクマネジメント等の観点からより重要な意味を持つようになると考えられる。

　これまでの議論を総括すると、下記のように整理できる。

- 信頼を醸成するためには、①信頼を向ける対象の行為や意図に期待を持っており、②期待に基づいてリスクを受け入れる意思を有している必要がある。

- 信頼を向ける対象に期待されるのは「信頼性」が確保されていることであるが、三層構造モデルやISO/IEC JTC 1/SC 41が定義する「IoTの信頼性」が示すように、「つながる世界」への変化を通じて「信頼性」確保のために求められる要件が従来からは変わりつつある。
- サプライチェーンのような複数の組織や活動の連鎖では、ある主体により期待される要件が満たされることが確認されるだけでは、他の主体に情報が十分に伝わらず、全体での信頼の醸成までに至らない。よって、信頼性確保に係る情報を適切な範囲及び形式で開示し、サプライチェーンやエコシステム全体での信頼の醸成につなげることがコンプライアンス対応や品質管理等の観点からも必要となる。

　一方で、「つながる世界」において信頼を確保することに向けた課題は2つあると考えられる。ひとつは、「信頼性」を確保するために必要な要件に関する統一的な標準の整備であり、もうひとつは、信頼性確保に係る情報をどのように主体間で共有するのかという点である。

　本章の以降及び第4章では、特に前者について、CPSFの枠組みに基づきながら、サイバーセキュリティの観点を中心に重要なポイントを解説する。後者については、終章にて再度、あるべき姿について述べる。

3-3 つながる世界における リスクの捉え方と求められる対応

3-3-1　リスクマネジメントを実施するプロセス

　「つながる世界」におけるリスクを適切に管理し、取引先等との間で信頼を醸成するためには、例えば図表3-7で示しているような既に活用されているリスクマネジメントの流れに則り、リスク対応を進めることが有効だと考えられる。

図表3-7　セキュリティ・リスクマネジメントの流れ[83]

■**分析対象の明確化**
- 分析範囲の決定と資産の明確化
- システム構成の明確化
- データフローの明確化

■**想定されるセキュリティインシデント及び事業被害レベルの設定**
- 事業被害レベルの定義
- 想定されるセキュリティインシデントの具体化及び事業被害レベルの割り当て

■**リスク分析の実施**　※ここでは一例として事業被害ベースの手法を想定
- 自組織に対する攻撃シナリオの検討
- 事業被害レベルの評価
- 脅威の特定及び評価
- 対策/脆弱性の特定及び評価　等

■**リスク対応の実施**
- 改善箇所の抽出、選定
- リスクの低減
- リスク低減効果の把握　等

　まずは分析対象を明確化し、それに対して想定されるセキュリティインシデントや事業被害レベルを設定し、リスクを特定する。次に想定されるインシデントによる事業被害や脅威について分析と評価を行う。この評価結果をもとに、改善の必要な箇所を抽出しリスクの低減対策を実施する。このような流れを踏まえることが、対策への過剰な投資やリスクの過小評価を防止することにつながる。

　さらにこれらの過程は随時レビューし、PDCA サイクルとして回していくことが重要である。すなわち、リスク分析やリスク対応は1回実施すればよいというものではなく、随時状況を観察し、新たな脅威の発生や対策の陳腐化に対応していかなければならない。

83　経済産業省「サイバー・フィジカル・セキュリティ対策フレームワーク Ver. 1.0」2019年。

また、こうした一連のリスクマネジメントは、適切な内外のステークホルダーとコミュニケーションをとりながら実施しなければならない。ステークホルダーには、三層構造モデルにおける各層で想定される取引先、監督機関、利活用データの発生源である個人、専門家等が挙げられる。例えば、機密情報の授受を行っている取引先とセキュリティ対策状況について定期的に意見交換をする、利活用しているデータの主体である個人に対して、データの利用目的や利用状況、セキュリティやプライバシーの管理に関する方針等を開示する等の対応が考えられる。様々なステークホルダーとのコミュニケーションを継続的に行うことが直接的にサプライチェーンやエコシステムにおける信頼の醸成につながると考えられる。

3-3-2　つながる世界において想定されるセキュリティインシデントとその影響

「つながる世界」におけるサイバーリスクマネジメントを適切に実施するためには、**図表3-7**の「分析対象の明確化」や「想定されるセキュリティインシデント及び事業被害レベルの設定」の段階において、どのようなリスクが存在しているのかを把握しておくことが初期のステップとして重要である。前述した三層構造モデルに基づいて以下では、つながる世界において想定されるセキュリティインシデントとその影響について述べる。なお、以降で「セキュリティインシデント」とするのは、セキュリティに関わる原因（例：情報漏えい、改ざん、情報を処理するシステムの停止）に由来しない機器の故障やヒューマンエラー等を含まない。

第1層：企業間のつながり

第1層では、企業間のつながりから構成されるサプライチェーンを、適切なリスクマネジメントを通じて、セキュリティインシデント及び、それに起因する業務の停止や製品の品質低下等から保護することが望まれる。

上記を脅かすリスクとしては、情報資産（情報及び、情報を取り扱うPCやサーバ等を含む）の漏えい／改ざん／破壊／利用停止という従来からセキュリティインシデントとして認識されてきたものや、セキュリティに係るコ

ンプライアンス違反がまず挙げられる。さらに、セキュリティインシデントが被害を拡大することにより生じる製品/サービスの品質劣化、他組織も含めた事業継続への悪影響といったサプライチェーンの健全な運用に対して被害を及ぼすものもリスクとして考慮する必要がある。

[第1層において想定されるセキュリティインシデントとその影響（例）]
  （1）平時のリスクマネジメントプロセスに支障があり、セキュリティインシデント（情報資産の漏えい/改ざん/破壊/利用停止）が発生する
  （2）セキュリティに係る法制度等の規定内容を遵守できない
  （3）セキュリティインシデントによる被害が拡大し、自組織及び関係する他組織が適切に事業継続できない

第2層：フィジカル空間とサイバー空間のつながり

  第2層では、IoT機器が担うフィジカル空間とサイバー空間をつなぐ転写機能の信頼性（セキュリティ、セーフティ、レジリエンス等）を適切に維持・向上することが望まれる。第2層における信頼性は、前述した「IoTの信頼性」との関連を意識する必要がある。

  上記を脅かすリスクとしては、①IoT機器が稼動停止する（そもそも動かない）、②IoT機器が意図した稼動をしない（動いてはいるが、適切に動かない）があると考えられる。

  サイバー空間からフィジカル空間に向けた転写機能が適切に果たされない場合、セーフティやレジリエンス、リライアビリティに対する影響が生じる可能性がある。序章で述べた自動車の誤動作等が代表例である。逆に、フィジカル空間からサイバー空間への転写機能が適切に果たされない場合、誤計測やマルウェア感染機器のネットワーク接続、信頼性の低いIoT機器を起点としたサイバー空間への攻撃、安全計装システム（SIS）への攻撃によるシステムの停止等が発生する可能性がある点をリスクとして考慮する必要がある。

[第2層において想定されるセキュリティインシデントとその影響（例）]

（1）セキュリティに係る攻撃を受けたIoT機器の意図しない動作（誤計測、モノの適切でない制御、制御機能、計測機能の停止等）が発生する

（2）IoT機器の動作（正常動作・異常動作を問わない）による安全面に問題のある事象が発生する（機器の破損、従業員への物理的危害、業務への悪影響等）

（3）IoT機器によるサイバー空間へのフィジカル空間の状況の適切でない転写（誤計測、計測機能の停止等）が発生する

第3層：サイバー空間におけるつながり

　第3層では、組織を跨ってデータが流通するということを所与として、様々な組織やシステム等から収集されるデータ及び、そのようなデータを取り扱うシステムの信頼性を適切に維持・向上する必要がある。

　組織を跨いでデータが流通し、自組織が他組織のデータも含めて管理する（または、他組織が自組織のデータも含めて管理する）ようになるといっても、基本となる認識は従来の情報セキュリティやインターネットにおけるセキュリティと同様であり、漏えい/改ざん/破壊/利用停止、プライバシー侵害等を含むコンプライアンス違反が主要な脅威となる。

　特に第3層のリスクを考える上で重要なのは、委託先等の他組織やそのシステムが自組織にとってのリスク源となる可能性があるという点である。委託先からの情報漏えいや、利用しているクラウドサービスの停止、データ共有先のコンプライアンス違反等のサードパーティに由来するリスクを、逆に自身が加害者になる可能性があるという点も含めて正しく認識しておく必要がある。

［第3層において想定されるセキュリティインシデントとその影響（例）］
　（1）サイバー空間にて取り扱われる保護すべきデータが漏えいする
　（2）サイバー空間にて取り扱われる保護すべきデータが改ざんされる
　（3）サイバー空間にて取り扱われる保護すべきデータ及びデータを収集/加工/蓄積/分析するシステムが意図しない動作（停止等）をする
　（4）サイバー空間上のデータの取扱いに係る法規制や一部の関係者のみで

共有するデータについて求められるセキュリティ水準を満たせない

　以上で述べたように、既に部分的に始まりつつある「つながる世界」では、サプライチェーンの構造変化も踏まえ、これまで以上に取引先等の他組織の存在を意識した形でサイバーリスクを考える必要がある。また、上記は一般的に想定されるインシデントについて述べたものであり、業種やビジネスモデル等により具体的な姿は異なるため、各組織にて具体化のための検討を実施する必要がある。

3-3-3　求められるレジリエントな対応

　「つながる世界」では、漏えい/改ざん/破壊/利用停止という従来の情報セキュリティでもリスクと認識されてきた事象を拡張して、それらを原因にして発生する物理的な被害の発生（セーフティ）や、事業継続の途絶（レジリエンス）等についてもリスクとして考慮し、ケアする必要がある。

　第2章で紹介したNIST Cybersecurity Frameworkにて、「特定」、「防御」、「検知」、「対応」、「復旧」という5つの機能分類が採用されていることからもわかるように、ウイルス対策ソフトの導入やファイアウォール等によるアクセス制御等の事前対策は重要な対策とはいえ、導入されるべきセキュリティ対策の一部に過ぎない。特に、上記で述べたセーフティやレジリエンスの側面に十分に対応しようとするならば、発生したインシデントによる被害を最小限にするための活動である「検知」、「対応」、「復旧」にあたる部分（事後対策）が対応されていて然るべきである。

　「検知」、「対応」、「復旧」の重要性を考える上で興味深い情報がある。大阪商工会議所、東京海上日動が、神戸大学の協力のもと、中小企業30社の協力を得て実施した実証調査によると、協力した中小企業30社全てにおいて何らかの不正な通信があった旨を示す警告の記録（ログ）があった。中小企業の多くでは、大企業や重要インフラ事業者のようなセキュリティ対応が行き届かないために攻撃者による侵入を回避できておらず、多くの中小企業

はその事態に気付いていないという実態が浮き彫りになった[84]。

　ここで重要なのは、調査対象企業があまねく攻撃を観測したという点と、多くの中小企業はその事態に気付いていないという点である。そもそも攻撃に気付けなければ、適切な事後対応など不可能である。これは、攻撃者による侵入を前提として、迅速にイベントを「検知」し、被害を最小化するために「対応」、「復旧」を実施することの重要性を示している。

　上記のような状況を踏まえ、CPSFでも、NIST Cybersecurity Frameworkとの対応をとるという目的も兼ね、**図表3-8**に示すように、「検知」、「対応」、「復旧」に該当する対策カテゴリー、要件を設けている。

　なお、第2章で言及した欧州のNIS指令やGDPR、米国のDFARS（国防省調達規則）等では、セキュリティインシデント発生時に、規定の時間内

図表3-8　CPSFにおける対策要件のカテゴリとNIST Cybersecurity Frameworkとの対応[85]

CPSFにおける対策要件 カテゴリー名称	略称	NIST Cybersecurity Framework Ver.1.1 の対応カテゴリー
資産管理	CPS.AM	ID.AM (Asset Management)
（中略）		（中略）
異変とイベント	CPS.AE	DE.AE (Anomalies and Events)
セキュリティの継続的な モニタリング	CPS.CM	DE.CM (Security Continuous Monitoring)
検知プロセス	CPS.DP	DE.DP (Detection Processes)
対応計画	CPS.RP	RS.RP (Response Planning) RC.RP (Recovery Planning)
伝達	CPS.CO	RS.CO (Communications) RC.CO (Communications)
分析	CPS.AN	RS.AN (Analysis)
低減	CPS.MI	RS.MI (Mitigation)
改善	CPS.IM	RS.IM (Improvements) RC.IM (Improvements)

84　大阪商工会議所、国立大学法人神戸大学、東京海上日動火災保険株式会社「平成30年度中小企業に対するサイバー攻撃実情調査（報告）」2019年。
85　経済産業省「サイバー・フィジカル・セキュリティ対策フレームワーク Ver. 1.0」2019年を参考に筆者作成。

（GDPRでは検知後72時間以内）に決められた対象（例：監督機関、データ主体）へ通知する義務が課せられている。侵害関連情報の文書化は、組織内で事前にセキュリティインシデント発生時の対応手順を整備し、何をどのように文書化するのかルールを決めておき、従業員に周知していなければ対応は困難である。このように、「つながる世界」のサプライチェーンにおける信頼性を確保するため、レジリエンスの観点に加え、コンプライアンスの観点からも、インシデントが実際に発生してからの対応の重要性が喚起されている。

第 4 章

つながる世界における
信頼性確保のための
プラクティス

Society 5.0で実現する社会が直面するサイバーリスクを適切に捉え、漏れなく対策を講じるためには、CPSFで提示されている「第1層：企業間のつながり」、「第2層：フィジカル空間とサイバー空間のつながり」、「第3層：サイバー空間におけるつながり」という3つのつながりを安全なものとする必要がある。つながりを安全なものとするためには、自らの組織単体だけでなく、つながる先の他の組織やシステム等も安全なものとしなければならないため、対策は必然的に複数組織間が連携して実施するものを含む。

　従来から広く運用されている情報セキュリティマネジメントシステム（ISMS）を規定する標準の中でも、組織の内部で実施する各種のセキュリティ対策に加え、外部のステークホルダー（例：株主、顧客、サプライヤー）を巻き込んだ対策が求められている[86]ものの、多様な「つながり」を守るにあたって、取引先等の他組織と連携したサイバーリスク対応が十分浸透しているとは言えない状況にある。

　以上のような現状を鑑みて、本章では、「三層構造モデル」で提示されている以下3つの「つながり」のそれぞれについて、主にサイバーリスク対応の観点から、取引先等の他組織との信頼関係を構築・維持するために推奨される方策を紹介する。

第1層：企業間のつながり→4-1 サプライチェーンに係る信頼性確保
第2層：フィジカル空間とサイバー空間のつながり→4-2 IoTの転写機能に
　　　　係る信頼性確保
第3層：サイバー空間におけるつながり→4-3 組織を跨るデータの利活用に
　　　　係る信頼性確保

---

86 例えば、ISO/IEC 27001:2013の附属書A「A.15 供給者関係」では、サプライヤーとの間で情報資産を保護するためのセキュリティ管理策が記述されている。

4-1 サプライチェーンに係る信頼性確保
──古くて新しい問題

　サプライチェーンとは、「複数の開発者間でリンクされたリソース・プロセスで、製品とサービスについて、調達に始まり設計・開発・製造・加工・販売及び購入者への配送に至る一連の流れ」を意味する[87]。図表4-1のように、サプライチェーンにおける事業者（自組織）は、契約関係に基づいて仕様・要求事項の形で情報を上流の（技術系）サプライヤーに伝え、委託先等は下流の（技術系）バイヤーに向けて製品またはサービスを提供する。また、一口にサプライチェーンと言っても、ITシステムや産業用制御システム（ICS）、サイバー・フィジカル・システム、IoTを含むICT技術を利用した製品またはサービスを取り扱う「ICTサプライチェーン」と、そうした製品またはサービスを取り扱わない「非ICTサプライチェーン」が存在する。「ICTサプライチェーン」と「非ICTサプライチェーン」は、サプライチェーン上で取引される製品またはサービス自体にセキュリティに係る特性があるかどうかが異なる。例えば、脆弱性の作り込み等が問題になるソフトウェアを製品またはサービスとして扱うのが「ICTサプライチェーン」であり、ネジやボルトのように製品またはサービスそれ自体にセキュリティ上の弱点（脆弱性）を作り込む恐れのないものを扱うのが「非ICTサプライチェーン」だと言える。様々な機器がIoT化する可能性が高いことを踏まえれば、「ICTサプライチェーン」として捉えるべきものは今後拡大することが見込まれる。図表4-1はサプライチェーンを極めて簡略化したものである。実際のサプライチェーンは「魚の骨」とも呼ばれる、単一のバイヤーから複数のサプライヤーへの委託が行われるような複雑な形となることが知られている。このようなサプライチェーンは、第2章で述べたようなサイバーセキュリティに係る規制の網がかかる以前から存在してきたものである。

87　ISO 28000:2007 Specification for security management systems for the supply chainより。

図表4-1　サプライチェーンの概念図[88]

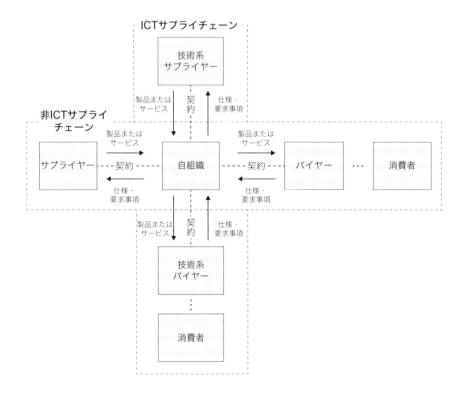

　これらのサプライチェーンが信頼できるものとなるためには、サプライチェーン上に存在するリスクを適切に管理する活動を通じて、以下の2点を達成することが必要である[89]。

(1) サプライヤーから顧客までの製品またはサービスの流れをスムーズに、かつ期待通りに稼動させること

(2) サプライチェーンリスクに関する社会や取引先、契約、法律・規則等からの要請を満たすこと

88　NIST「Framework for Improving Critical Infrastructure Cybersecurity」(2018年) を参考に筆者作成。

89　青地忠浩「サプライチェーンリスクマネジメントのフレームワークと実例」(日本LCA学会誌 Vol.14 No.4) 2018年 の記載を参考に筆者一部修正。

サプライチェーンにおけるリスクマネジメントの問題が広く様々な業種で注目されるようになったのは、2011年の東日本大震災や2012年のタイ大規模洪水に伴いサプライチェーンの途絶が発生したことがきっかけである。東日本大震災では、多くの企業が操業停止や減産に追い込まれたが、上流の素材・部品メーカーの被災・供給途絶による、必ずしも被災していない下流メーカーの稼動停止や、下流メーカーの操業停止・需要減退による（被災していない）上流メーカーの減産といったサプライチェーンの観点からの被害が予想以上に大きくなった。例えば、車体用の樹脂や自動車の制御装置に使われる半導体の一種であるマイクロコンピュータ（マイコン）、それに使われるシリコンウエハーなど様々な部品の供給がストップしたことを受け、自動車メーカー各社の減産台数は、2011年3月だけで46万台程度（減産率50%程度）に達した。また、自動車用鋼板等の需要が減退するといった波及的な影響も生じた[90]。

　また、上記のような主に（1）の観点に関わる事業継続の観点からのリスクだけでなく、（2）に関わる契約、法律・規則等の遵守に関連するリスクも認識されている。例えば、アフリカ諸国などの紛争地域で採掘された鉱物資源である紛争鉱物（米国金融規制改革法《ドッド・フランク法》では、スズ、タンタル、タングステン、金の4物質と定義）は、コンゴ民主共和国（DRC）をはじめとする鉱物採掘国における反政府組織の大きな資金源となっており、米国のドッド・フランク法にてDRC及び周辺国で産出された紛争鉱物を製品に使用しているかどうかについて情報開示が義務づけられている。同法の対象は米国の証券取引市場に上場する企業だが、そのような企業と取引関係にある日本企業も、自身の製品に紛争鉱物が使用されていないかを確認するため、使用金属の産地等を調査する等の対応が必要になっている。なお、同法は直接的に紛争鉱物の使用を規制しているわけではないが、情報開示を通じてサプライチェーンの透明性が高まることで、問題に関して関心高い消費者やNGOからのプレッシャーが強まる可能性がある。よって、

90　みずほ総合研究所 経済調査部「サプライチェーン寸断の影響をどう見るか〜自動車減産による生産活動・GDPへの影響を中心に」（みずほ日本経済インサイト 2011/4/28）2011年。

企業が自社の製品に紛争鉱物を利用している、あるいは利用しているかどうかを把握していないという状況は、コンプライアンスやリピュテーションの観点からのサプライチェーンリスクを増大させるということを意味する。

　日本企業でも、「責任あるサプライチェーン」や「持続可能なサプライチェーン」を掲げ、紛争鉱物規制への対応も含め、自社のサプライチェーンにおける社会的責任の全うを社会に向けて広報する動きが拡大しているが、これは、サプライチェーンの事業継続性におけるリスクや、コンプライアンスやリピュテーションに関わるリスク等へとサプライチェーンに潜むリスクが多様化し、それらが重要な事業リスクとして認識されていることの裏返しでもある。

　サプライチェーンリスクが多様化する中、サプライチェーンにおいて管理すべきリスクとして、近年重要なものとなりつつあるのが、サイバーリスクである。上記で述べた種類のサプライチェーンリスクに加え、サイバーリスクもまた、企業に事業継続やリピュテーション、コンプライアンスに関する影響をもたらす。以下では、サイバーリスク対応から、(1) と (2) を達成するために必要な対応について述べる。

4-1-1　サプライチェーンにおけるサイバーリスクの捉え方

　サプライチェーンにおけるサイバーリスクがサプライチェーンの信頼性を確保するにあたり、重要なものとなった背景には、①これまで多くの組織で基幹系業務のシステム化がなされ、さらにはITシステム等が業務の効率化を支援するものから事業自体を支えるものとなりつつあること、②ITシステム・サービスに関する業務を系列企業やその他のビジネスパートナーに外部委託し、再委託先、再々委託先へと連鎖するようなICTサプライチェーンにおける委託形態が一般化していること、③IoT等を通じて従来ITシステム・サービスとの関連が薄かった領域にもITが導入されつつあるため、ICTサプライチェーンとしてサイバーリスクを考慮すべき領域が拡大していること等が挙げられる。2-4で述べた日本、欧米におけるIoTやサプライチェーンのセキュリティに係るルール形成の動向を鑑みるに、同領域は今後さらに対応の重要性を増すことが予想される。

サプライチェーンにおけるサイバーリスクに適切に対処するためには、そもそも何がリスクと捉えられるべきかを知る必要がある。**図表4-1**で示したように、サプライチェーンには、通常想定されるようなサプライチェーン下流への製品またはサービスの提供のフローと、サプライチェーン上流への製品またはサービスの提供に必要な仕様・要求事項のフローが存在するが、双方が異なるリスクを事業者にもたらす可能性がある。本節では、典型的なサプライチェーンリスクと言える、前者（サプライチェーン下流への製品またはサービスの提供のフロー）に係るリスクについて述べ、後者（サプライチェーン上流への製品またはサービスの提供に必要な仕様・要求事項のフロー）に係るリスク（例：業務委託先からの情報漏えい）は4-3で述べることとする。

　サプライチェーン下流への製品またはサービスの提供のフローでは、信頼できるサプライチェーンの構築・維持に影響を及ぼすようなリスクとして、例えば、下記のようなものを想定する必要がある。以降では、下記のリスクについて、それぞれ具体的な事例を用いて説明する。

1. 自組織または取引先等の事業継続に対するリスク
   - 自組織のセキュリティインシデントにより関係する他組織が適切に事業継続できない
   - 関係する他組織のセキュリティインシデントにより自組織が適切に事業継続できない

2. 製品・サービスの品質に対するリスク
   - 納入する/される製品・サービスが適切な水準のセキュリティ機能を有しないまま提供される製品・サービスの提供チャネルでセキュリティインシデントが発生し、機器の破損等の意図しない品質劣化が生じる

自組織または取引先等の事業継続に関わるリスクの事例

　ICTサプライチェーンと非ICTサプライチェーンの双方において想定されるリスクとして、地震や台風等の大規模災害の場合と同様、事業継続に関わるものを挙げることができる。事業継続に影響を及ぼすようなセキュリティインシデントは既に多数発生している。図表4-2で示しているのは、ノルウェーを拠点とする世界的なアルミニウム精錬加工企業であるノルスク・ハイドロ社にて発生したランサムウェア「LockerGoga」への感染事案である。ランサムウェアとは、感染した端末をロックしたり、ファイルを暗号化したりすることによって使用不能にした後、元に戻すことと引き換えに「身代金」を要求する不正プログラムを指し、2017年に日本でも流行した「WannaCry」等が知られている。本事案では、同社のITシステム全体がランサムウェアに感染することで、アルミニウム製造プロセスが手動操作に移行したことを通じて、最終的に7500万ドル程度の被害が発生した[91]ものである。サプライチェーンという観点では、素材産業という最上流の産業で発生した事案のため、下流の様々な部材・部品産業に大きな影響を及ぼしたことが予測できる。各事業者は、［自組織または取引先等の事業継続に対するリスク］に示した通り、上記のような事案を、自身がセキュリティインシデントの当事者になるか、あるいはそうではないかという2つの側面から捉え、対処方法を検討する必要がある。

製品・サービスの品質に対するリスクの事例

　サプライチェーンに関わるサイバーリスクとして事業継続の問題に加えて考慮しなければならないのが、製品・サービスの品質という観点である。これは、特にITやIoTを活用した製品またはサービスを提供するICTサプライチェーンの事業者にとって重要な観点である。想定されるリスクには、（1）セキュリティインシデントの発生を通じて意図しない品質の劣化が発生する場合と、（2）意図した通りに提供したが、適切な水準のセキュリティ機能を有していない場合の2種類が考えられる。

---

91 「Norsk Hydro cyber attack could cost up to $75m」（https://www.computerweekly.com/news/252467199/Norsk-Hydro-cyber-attack-could-cost-up-to-75m）より。

図表4-2　サプライチェーンにおける事業継続に影響を与えるインシデントの事例[92]

本事案の詳細（原因・影響等）

- 2019年3月19日、ノルスク・ハイドロ社（ノルウェーを拠点とする世界最大級のアルミニウム精錬加工企業）はランサムウェア「LockerGoga」への感染・大規模なシステム障害を発表。
- 感染経路は不明（2019年3月時点）。
- ログオンシステム（Active Directoryサーバ）への攻撃を通した感染拡大により、ほとんどの事業部門のITシステムが影響。
- 感染拡大・拡散防止のため、グローバルなITシステム全体を停止。
- オフィス業務への影響の他、プレス加工等の一時的な生産停止や、アルミニウム製造や発電プラントをITシステムから切り離して手動操作に切り替えるなどの影響が生じた。
- 身代金の支払いには応じていないが、最終的に、7500万ドルに相当する事業への被害を確認。

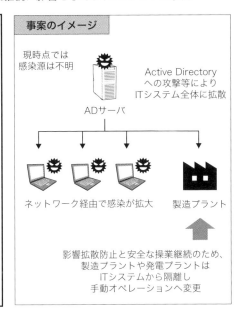

事案のイメージ

現時点では感染源は不明

ADサーバ

Active Directoryへの攻撃等によりITシステム全体に拡散

ネットワーク経由で感染が拡大

製造プラント

影響拡散防止と安全な操業継続のため、製造プラントや発電プラントはITシステムから隔離し手動オペレーションへ変更

（1）セキュリティインシデントの発生を通じて意図しない品質の劣化が発生した事例のひとつとして、工場に導入した機器（鋼板へ加工を施す機器）が、導入時点からウイルスに感染していた**図表4-3**の事案がある。

　導入された機器からは当初から不審な通信が観測されており、機器メーカーが検査を実施したところ、機器内の制御用コンピュータからウイルスを検出したたため、駆除した。開発期間中にウイルスに感染した可能性が高いと見られている。本事例においては、検出されたウイルスが制御システムや工場を標的としたものではなかったこともあり、幸い特段の障害や問題等は発生しなかったが、外部への通信を必要としない、WannaCryのようなマルウェアがこのような形で工場等に持ち込まれた場合、より大きな被害につながっていた可能性もある。

　一見、鋼板へ加工を施す機器というと、サイバーリスクとのつながりが薄いように思われるが、特に制御用コンピュータを搭載しているような場合

92　経済産業省「産業分野におけるサイバーセキュリティ政策」2019年を参考に筆者作成。

図表4-3 製品・サービスの品質に対するリスクの事例[93]

時期	内容
2016年上旬	本件機器（鋼板へ加工を施す機器）を工場に搬入・設置した。（※）
2018年8月	新たに導入したIDS（侵入検知装置）で不審なDNSクエリを検知した。
（約2週間後）	不審なDNSクエリのリクエスト元を特定し、本件機器をネットワークから切断した。
（約1週間後）	本件機器のメーカーによるウイルス検査を実施したところ、機器内の制御用コンピュータからウイルスを検出したため、駆除した。
2018年9月	本件機器のメーカーから、開発期間中にウイルスに感染した可能性が高いとの報告があった。

（※）情報提供元組織にてDNSサーバのログを遡って調査したところ、工場へ設置した日付の近辺から 不審なDNSクエリが発生していたことが確認できている。

は、サプライチェーンのサイバーリスクを孕みうるということを本事案は示唆している。

　一方で、（2）意図した通りに製品またはサービスを提供したが、当該製品・サービスが適切な水準のセキュリティ機能を有していないケースも存在する。製品またはサービスにおけるセキュリティ対策の不足は、納品後のシステムの運用段階におけるセキュリティインシデントの発生、当該事業者及び、その製品・サービスへの信頼の失墜へと直接的につながる恐れがある。

　日本では、欧米と比較しても、ユーザー事業者が組織内に開発要員を抱えずベンダーに依存している傾向が強く、ユーザー事業者とベンダーとの責任分界が曖昧になりがちである。そのため、システムのユーザー事業者とシステム開発ベンダーとの間でサプライチェーンリスクが顕在化する可能性は比較的高い状況にある。そのような状況は、以下2つの事例で示すように、セキュリティインシデントの発生等を通じて、ユーザー事業者とベンダーの双方をリスクに晒す可能性がある。

　93　IPA「サイバー情報共有イニシアティブ（J-CSIP）運用状況［2018年7月〜9月］」2018年を基に筆者作成。

図表4-4　事例①の概要

時期	内容
2009年2月	原告Xが、ウェブにおける商品受注システムの設計・製作を発注（890万円）
2009年4月	原告Xがシステムの使用を開始
2010年1月	原告Xが、顧客のクレジットカード種別を把握できるよう仕様変更を要求（31万円）
2010年5月	原告Xと被告Yが、Webサイトメンテナンス契約を締結（月額5.5万円）
2011年4月	原告サーバへの不正アクセス、顧客クレジットカードの不正利用が発覚
2011年10月	原告Xが、被告Y側に委任契約の債務不履行があったとして、顧客への謝罪や売上減少等約1億900万円の損害賠償請求訴訟を提起
2014年1月	東京地方裁判所が被告Yに2262万円等の支払を命じる判決

事例①：SQLインジェクション攻撃[94]による情報漏えい事故に対するIT事業者の責任（東京地判平26.1.23（平23ワ32060））

　本事案は、セキュリティインシデントの発生において当事者となった事業者だけでなく、当該事業者に対してシステムの設計、構築、保守等を提供した事業者の責任を問うたものとして、非常に多くの文献で取り上げられている事案である。

　本事案の原告Xはインテリア商材の卸小売、通信販売を行う事業者であり、被告Yは情報システムの開発・保守等を実施する事業者である。**図表4-4**に示すように、Yが設計・製作を担当したXのウェブサイトにおいてサーバへの不正アクセス、顧客クレジットカードの不正利用が発覚した。セキュリティ会社の報告によると、SQLインジェクション攻撃が断続的に行われたことが確認されるとともに、SQLインジェクションに対する脆弱性があったこと、当時保有していたカード情報6795件全件が漏えいした可能性が高いとされた。XはYを相手取り、委任契約の債務不履行があったとして、顧客への謝罪や売上減少等約1億900万円の損害賠償請求訴訟を提起し、結

94　SQLインジェクションとは、操作にSQLと呼ばれる言語を用いるタイプのデータベースを使用するアプリケーションに対し、その入力に本来入力としては使われることが想定されていないSQL文を挿入すること（インジェクション）で、データベースに不正な操作を加える攻撃方法である（https://www.nic.ad.jp/ja/basics/terms/sql-injection.html）。

果として原告の請求の一部である2262万円の損害賠償及び遅延損害金が認容された。

　本件がサプライチェーンのサイバーリスクを考える上で重要なのは、契約書にセキュリティ対策の具体的内容が規定されていない中で、Yが不正アクセス（特に、SQLインジェクション）防止のためのセキュリティ対策を講じる債務を負っていたと認められた点である。これは、経済産業省やIPAが個人データ等を取り扱うシステムに対する代表的な攻撃手法としてSQLインジェクション攻撃を挙げ、対策をとることを注意喚起していたことから、同手法による攻撃が予見可能だと判断されたことを根拠としている。上記は、サプライチェーンのサイバーリスクの存在を認識し、ユーザー事業者とベンダーが互いに適切に対処することが、双方にとって重要なリスク低減となるということを示している。

事例②：SQLインジェクション対策の不備におけるIT事業者の責任（東京地判平30.10.26（平29ワ40110））[95]

　事例①は実際にセキュリティインシデントが発生した場合のIT事業者の責任を問うたものであったが、単に対策に不備があったことが判明したという事実関係の下でもIT事業者側の責任が問われることを示したのが、事例②である。

　図表4-5に示す通り、本事案の原告Xは、被告Yに対してXが顧客向けに提供する車・バイクの一括査定システム（本件システム）の開発を委託し、2012年9月に納品を受けた。その後、Xは2016年12月にIPAから中国のサイトに本件システムの脆弱性に関する情報が掲載されているという指摘を受けて、Yにその調査と報告を依頼した。その結果、本件システムにおいてSQLインジェクション対策に関する脆弱性が発見され、当該脆弱性がYの被用者の故意過失によるものとして、XはYの使用者責任（不法行為）を主

95　本事案の概要及び解釈等については、伊藤雅浩「SQLインジェクション対策不備の責任　東京地判平30.10.26（平29ワ40110）」2019年8月30日:https://itlaw.hatenablog.com/entry/2019/08/30/221450 を参照している。

図表4-5　事例②の概要

時期	内容
2012年9月	被告Yが原告Xに対して、原告Xの提供する車・バイクの一括査定システム（本件システム）を納品
2016年12月	IPAから、中国のサイトに本件システムの脆弱性に関する情報が掲載されているという指摘を受けて、原告Xは被告Yに対し、調査と報告を依頼
	本件システムにおいて、SQLインジェクション対策が不十分という脆弱性が判明
2017年	判明した脆弱性は被告Yの被用者の故意過失によって生じたものであり、被告Yの使用者責任があるとして、緊急対応費用、詳細調査、抜本的な修正費用等、約923万円の損害賠償請求訴訟を提訴
2018年10月	東京地方裁判所が、被告Yの使用者責任（不法行為）を認定し、合計約95万円を損害として認定

張し、XはYに対して、損害賠償請求訴訟を提訴した。結果として、Yの使用者責任が認められ、約95万円が損害として認定された。

　前述した通り、本事案は必ずしもセキュリティインシデントが発生していない状況下でも、当該脆弱性を悪用した攻撃が予見されるものであれば、対応不備の責任をIT事業者側が問われるということを示している点が重要である。事例①にて同様のSQLインジェクションに関する脆弱性が予見可能とされたことを踏まえれば、本事案の判断もそれと整合しているものと捉えることができる。

　以上で述べた事例①と事例②は、ITシステム調達における委託元事業者と委託先事業者の関係から生じるリスクが、十分なセキュリティ機能を有しないシステムの納入を受ける委託元事業者だけでなく、委託先事業者にも影響を及ぼすことを表している。そもそも契約等でセキュリティ要件が具体的に定められていない場合、セキュリティに関する債務や不法行為上の注意義務の内容は不明確であり、委託元事業者にとっても委託を受ける事業者にとってもリスクの高い状況となってしまい、将来的に紛争の原因となってしまう可能性がある。そのような状況を回避するためにも、企画・設計段階からセキュリティを考慮するセキュリティ・バイ・デザインの原則をプロセスとして整備する必要がある。

4-1-2　サプライチェーンにおけるサイバーリスクへの有効な対策

対策の基本的な考え方

　サプライチェーンにおけるサイバーリスクを適切に管理し、自身が関与するサプライチェーンを信頼できるものとするためには、以下の考えを意識した上でリスクマネジメントを実施していく必要がある。

- 当該調達に係るリスクの大小を踏まえたリスクベースの対応
- 契約のライフサイクルを意識した対応

　まずは、サプライチェーンに係るサイバーリスクを管理するための前提として、対応のスコープとなるサプライチェーンに、どのようなプレイヤー（サプライヤー、製造委託先、業務委託先等）や、扱われる製品、サービス、情報が存在するのか、現状を可視化する必要がある。ここで、自組織と直接契約する Tier 1 サプライヤーだけでなく、再委託先（Tier 2）以降のサプライヤーについても、Tier 1 サプライヤーへの質問状（SAQ: Self Assessment Questionnare）の送付等を通じて概要を把握しておく必要がある。

　発注元の事業者は、上記で把握したサプライヤーとの関係の性質に基づいて要求事項を決定する。要求事項の水準は、調達する機器やシステム等で想定されるリスクの大きさに基づいて（リスクベースで）決められることが望ましい。厳しすぎる要求は発注元と委託先双方のコスト増加につながり、十分でない要求水準は不十分なリスク対応につながるからである。例えば、後述するように、IT システムや IoT システムを調達する場合は、当該システムの利用者数や、インシデントが発生した際の影響の範囲とその大きさ、取り扱う情報の機微度等に基づき、講じられるべきセキュリティ対策の水準が決められるべきである。また、自組織が提供する製品またはサービスの部品等の調達先であるサプライヤーについては、サプライヤー側でリスクが顕在化（例：自然災害の発生による生産の途絶）した際の自組織に発生する影響の大きさ等に基づいてリスク対応の水準が決められるだろう。

　上記で述べたリスク対応の水準の決定に加え、リスクの大きさに基づいて

図表4-6　個々の契約のライフサイクルを意識した対応の実施[96]

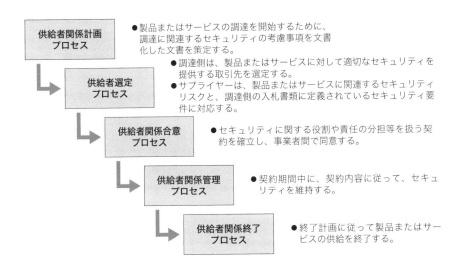

課した要求事項がTier 1サプライヤー、またはTier 2以降のサプライヤーで契約のライフサイクルの全体を通じて遵守されているかどうかを確認することが、サプライチェーンの信頼性を維持・向上するために有効である。このように、サプライチェーンのセキュリティを確保するためには、自組織のガバナンスが必ずしも届かない取引先等が、必要な対策を行っていることを保証すること（アシュアランス）が重要になる。

リスク対応において意識すべき契約のライフサイクルの例として**図表4-6**に示す分類が存在する。「供給者関係計画プロセス」に始まり、「供給者関係合意プロセス」を経て「供給者関係終了プロセス」に至るまでの一連のプロセスのそれぞれでサプライヤーにアシュアランスを適切な形で確保することが必要である。

対策の現状：注目されるものの課題が目立つ

サプライチェーンを含めたサイバーリスク対応については、第2章で紹介

---

96 ISO/IEC 27036-2:2014 Information technology—Security techniques—Information security forsupplier relationships — Part 2: Requirements を参考に筆者作成。

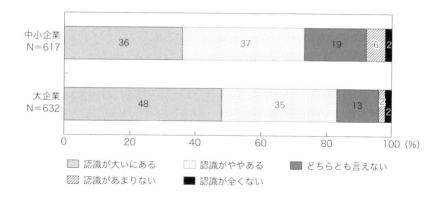

図表4-7 サプライチェーンにおけるセキュリティ管理の重要性に対する経営層の認識[97]

図表4-8 委託先等に対するセキュリティ対策状況の把握の有無[98]

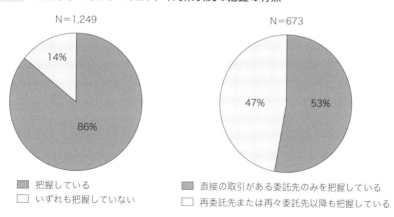

した「サイバーセキュリティ経営ガイドライン」や、「サイバー・フィジカル・セキュリティ対策フレームワーク」等にて改めて強調されていることで、近年注目を集めている。そのような状況を反映してか、**図表4-7**のように、大企業と中小企業の双方で70%以上の経営者が委託先、再委託先等に対するセキュリティ管理の強化・徹底の重要性を認識している。

---

97 IPA「情報セキュリティに関するサプライチェーンリスクマネジメント調査 ─調査報告書─」
　　2017年の情報を基に筆者作成。
98 同上。

図表4-9 委託先との契約に含まれるセキュリティに関わる要求事項（委託元への質問）[99]

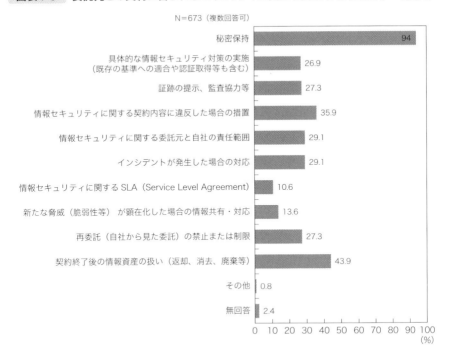

N＝673（複数回答可）

- 秘密保持：94
- 具体的な情報セキュリティ対策の実施（既存の基準への適合や認証取得等も含む）：26.9
- 証跡の提示、監査協力等：27.3
- 情報セキュリティに関する契約内容に違反した場合の措置：35.9
- 情報セキュリティに関する委託元と自社の責任範囲：29.1
- インシデントが発生した場合の対応：29.1
- 情報セキュリティに関するSLA（Service Level Agreement）：10.6
- 新たな脅威（脆弱性等）が顕在化した場合の情報共有・対応：13.6
- 再委託（自社から見た委託）の禁止または制限：27.3
- 契約終了後の情報資産の扱い（返却、消去、廃棄等）：43.9
- その他：0.8
- 無回答：2.4

0 10 20 30 40 50 60 70 80 90 100
(%)

　上記を反映し、実際に、委託先のセキュリティ対策状況を把握している企業は全体の86％となっている。これは**図表4-8**にてサプライチェーンにおけるセキュリティ管理の重要性を認めている割合に相当する数値である。

　一方、再委託先以降の事業者のセキュリティ対策状況の把握には苦慮している様子が**図表4-8**右から窺える。再委託先、再々委託先以降までのサプライチェーンを有する事業者のうち、直接的な契約関係がない再委託先または再々委託先以降のセキュリティ対策状況まで把握している事業者は、47％に留まっている。再委託先以降への取組みの推進を直接の取引関係がある委託先に依存せざるを得ない状況となっている。

　では、具体的に委託先や再委託先以降の事業者に何がセキュリティに係る要求事項として求められているのかを示しているのが**図表4-9**である。

99　IPA「ITサプライチェーンの業務委託におけるセキュリティインシデント及びマネジメントに関する調査報告書」2018年の情報を基に筆者作成。

群を抜いて多いのは、秘密保持（94.0%）である。既存の基準への適合や認証取得等を含む具体的な情報セキュリティ対策の実施は、26.9%となっており、比較的多くの事業者が秘密保持契約を締結するに留まり、セキュリティという観点から、具体的な要求をしていないことが類推できる。さらに、自組織または取引先等の事業継続に直接的に関係すると考えられるSLA（Service Level Agreement）の合意は、10.6%の事業者でしかなされていない。また、証跡の提示、監査協力等の実施を求めている割合が27.3%であることから、仮に契約書等でセキュリティ要件の遵守を求めていたとしても監査等により十分な確認がなされていない可能性が高いことが窺える。

機密情報の漏えいへの対策としてはもちろん、自組織または取引先等の事業継続を確かなものとするためにも、基本的なセキュリティ対策の実施を委託先、再委託先等に求めることは、サプライチェーン規模での水準向上にとって重要である。しかし、以上の調査結果は、事業者の認識は高まっているものの、実際の取組みが具体性を欠く形で進められている可能性を示唆している。

一方、製品・サービスの品質に対するリスクについても、事業継続へのリスクと同様、必ずしも十分になされているとは言えない状況にある。

従来から、日本ではITシステムの専門家がIT企業に偏在している点が指摘されている[100]。そのため、ユーザー企業側で調達仕様書や、その中で記載されるセキュリティ要件を自ら作成することが難しいケースが多いとされ、製品・サービスの品質に対するリスクへの対応をより困難にしていると考えられる。

しかし、前述した事案等の発生を受けて、マルウェアの混入等による不正動作や使用されるソフトウェアやハードウェアの脆弱性といった納品物に対するセキュリティ脅威を確認することが特に重要になってきている。

図表4-10に示すように、納品物に対するマルウェアの混入等の不正動作について確認していない組織は41%存在する。不正動作については、マル

100　例えば、デジタルトランスフォーメーションに向けた研究会「DXレポート〜ITシステム『2025年の崖』の克服とDXの本格的な展開〜」2018年。

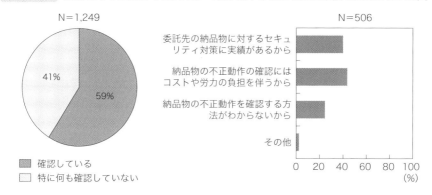

N=1,249

N=506

委託先の納品物に対するセキュリティ対策に実績があるから

納品物の不正動作の確認にはコストや労力の負担を伴うから

納品物の不正動作を確認する方法がわからないから

その他

■ 確認している
□ 特に何も確認していない

ウェアによる外部サーバへの通信に代表されるように、IT 製品・システムまたはサービスの運用を実際に行って初めてわかる場合もあり、納品時における確認だけで全て充足することには自ずと限界があるとも考えられる。

また、納品物の不正動作を確認していない理由として、コストや労力の負担を挙げる企業の割合が最も高いことから、納品物の不正動作の確認作業にかかる手間を軽減するために、何らかの仕組みを確立することが求められていると言える。

また、**図表4-11**に示すように、納品物で使用されるソフトウェアの脆弱性（OS、プログラム、ソースコード、オープンソース・ソフトウェア等）については、32%の事業者が確認を行っていない。また、納品物で使用されるハードウェア（データ記録・格納媒体、管理・設定機能等）の脆弱性については、より確認状況が芳しくなく、約半数の事業者が確認していない。

特に、同一システム上に多様なソフトウェアが混在している場合やブラックボックス化したソースコードが使用されている場合、既知の脆弱性情報が多いためテスト項目が多くなる場合があり、納品物における脆弱性の確認を難しくさせていると考えられる。

また、脆弱性は、納品までに判明するものもあれば、納品後に判明するもの（未知の脆弱性）も存在する。納品後に判明した脆弱性への対応は、委託

101　IPA「情報セキュリティに関するサプライチェーンリスクマネジメント調査 ―調査報告書―」
2017年の情報を基に筆者作成。

図表4-11　納品物に含まれる構成要素の脆弱性の確認有無[102]

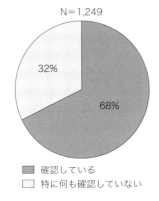

ソフトウェア（OS、プログラム、ソースコード、
オープンソース・ソフトウェア等）
N=1,249

32%
68%

■ 確認している
□ 特に何も確認していない

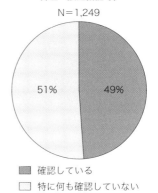

ハードウェア（データ記録・格納媒体、
管理・設定機能等）
N=1,249

51%
49%

■ 確認している
□ 特に何も確認していない

元と委託先の双方にとって基本的に契約期間外の対応となるため、責任分界
が曖昧になりやすい。

　図表4-12に示すように、未知の脆弱性に対する責任のあり方に関する認
識は、委託元と委託先で異なる。委託元では半数以上（53.8%：「強くそう思
う」と「ややそう思う」の和）が委託先に未知の脆弱性の対応責任があると
考えている一方で、委託先では自身に対応の責任があると考えている割合が
33.2%に留まっている。委託元は納品前だけでなく、納品後の脆弱性対応も
委託先の責任と思っているが、一方の委託先はそれを委託元の責任の範囲だ
と考えているという認識の相違が一定の割合で生じていることが予想され
る。こうした認識の相違は係争の元となるため、契約の段階で未知の脆弱性
に対する責任分界について規定しておくことが望ましい。

　以上のように、サプライチェーンにおけるサイバーリスクの重要性に対す
る認識は経営層というレベルでも高まっているものの、具体的な施策の浸透
は未だ途上にあり、委託先と委託元で認識のギャップが見られる項目もあ
る。そこには、組織におけるセキュリティに対する知見の不足や人員不足、

102　IPA「情報セキュリティに関するサプライチェーンリスクマネジメント調査 ―調査報告書―」
　　　2017年の情報を基に筆者作成。

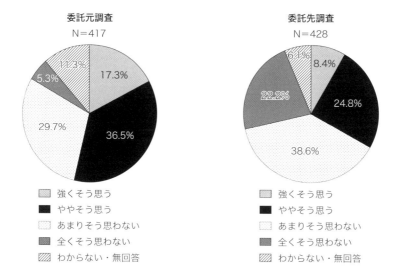

曖昧な責任分界等の解決すべき課題がある。コストと便益とのバランスを考慮しつつ、効果的にサイバーリスクを軽減できるような対処方法が望まれるところである。

望まれる対策：It takes two to tango.（タンゴは1人では踊れない）

前述した対策の基本的な考え方や、対策の現状を踏まえ、本節以下では、サイバーリスク対応の観点からサプライチェーンの信頼性を確保するために、事業者に望まれる対策を整理する。

第3章で紹介したCPSFでは、「サプライチェーンリスク管理」という対策カテゴリーを設け、サプライチェーンの信頼性を確保するために実施されることが望ましい一連の対策を記載している（図表4-13）。

初期の供給者関係計画プロセスでは、事業者は、自身が関係するサプライチェーンの概要を理解し、サプライヤーや調達する製品またはサービス等を優先順位づけした上で、サプライヤーに課すセキュリティ対策基準を明確化

103　IPA「ITサプライチェーンにおける情報セキュリティの責任範囲に関する調査 ―調査報告書―」2019年の情報を基に筆者作成。

図表4-13　CPSFにおけるサプライチェーンリスク管理のための要件（例）

STEP1 供給者関係計画プロセス	●取引関係のライフサイクルを考慮してサプライチェーンに係るセキュリティの対策基準を定め、責任範囲を明確化した上で、その内容について取引先と合意する。（CPS.SC-1） ●自組織の事業を継続するに当たり、三層構造の各層において重要な役割を果たす組織やヒトを特定し、優先付けをし、評価する。（CPS.SC-2）
STEP2 供給者選定プロセス/ 供給者関係合意プロセス	●外部の組織との契約を行う場合、目的及びリスクマネジメントの結果を考慮し、自組織のセキュリティに関する要求事項に対して関係する他組織のセキュリティマネジメントが適合していることを確認する。（CPS.SC-3） ●外部の組織との契約を行う場合、目的及びリスクマネジメントの結果を考慮し、自組織のセキュリティに関する要求事項に対して関係する他組織の提供する製品・サービスが適合していることを確認する。（CPS.SC-4）
STEP3 供給者関係管理プロセス	●取引先等の関係する他組織が、契約上の義務を果たしていることを確認するために、監査、テスト結果、または他の形式の評価を使用して定期的に評価する。（CPS.SC-6） ●自組織が、関係する他組織及び個人との契約上の義務を果たしていることを証明するための情報（データ）を収集、安全に保管し、必要に応じて適当な範囲で開示できるようにする。（CPS.SC-8）
STEP4 供給者関係終了プロセス	●取引先等の関係する他組織との契約が終了する際（例：契約期間の満了、サポートの終了）に実施すべきプロシージャを策定し、運用する。（CPS.SC-10）

する。次に、供給者選定プロセス及び供給者関係合意プロセスでは、規定したセキュリティ対策基準に、サプライヤー及び供給される製品またはサービスが適合しているかどうかを確認する。契約締結後の供給者関係管理プロセスでは、サプライヤーが課された対策基準を継続的に遵守しているかどうかを適宜確認し、最後の供給者関係終了プロセスにおいて情報資産の返却や破棄等の必要な対応がなされることで、契約のライフサイクルを通じた信頼性の高い取引関係が構築される。

　上記は一般的な内容であり、具体的なイメージが湧きづらいかもしれない。そのため、以下では情報システムや機器の調達を例にとり、内閣サイバーセキュリティセンターが公表している「情報システムに係る政府調達におけるセキュリティ要件策定マニュアル」及び「外部委託等における情報セキュリティ上のサプライチェーン・リスク対応のための仕様書策定手引書」を参照しながら、より具体的にICTサプライチェーンの信頼性を向上させるための施策について述べていく。

（1）納入する／される製品・サービスが適切な水準のセキュリティ機能を有しないまま提供されるリスクに対する対応

　4-1-1で述べた2件の係争事例は、本来実装されるべきであった水準のセキュリティ対策が開発されたシステムに備わっていなかったために、委託元と委託先の双方にとってデメリットが生じてしまった事案である。結果として、委託先の責任が認められたこれらの事案を未然に防ぐためには、必要となる水準のセキュリティ対策を委託元と委託先の双方が認識、合意し、企画・設計段階から対策を講じること（セキュリティ・バイ・デザイン）が重要である。

　企画・設計段階という開発の早い段階からセキュリティを考慮することのメリットには、「手戻りがないため、納期を守れることや、コストも少なくできること」が考えられる。市場で運用されている段階で脆弱性が発見された場合には機器の交換やシステムの改修などが必要となるため、設計時のセキュリティ対策コストの100倍との試算もある[104]。

　一方で、セキュリティ・バイ・デザインの導入が日本であまり進んでいないのは、セキュリティが非機能要件のため、コンセプトを決める企画段階で考慮がされづらいことや、前述したように、ユーザー企業側にITシステムの専門人材が少なくセキュリティ要件を自ら作成することが難しいこと等が理由として考えられる。

　以上のような状況下で、セキュリティ・バイ・デザインの原則を日本でも促進するためには、調達仕様書の作成段階でユーザー事業者でも実施が可能な形式で適切にセキュリティ要件を組み込むスキームを確立する必要がある。

　調査仕様書に記載するセキュリティ要件を明確化するには、例えば、**図表4-14**のように、当該システムの概要をある程度明確化する必要がある。その際、1. システム化する業務や、2. 各業務に関わる主体、3. 業務で扱う情報、4. 業務において情報の取扱い及び交換に用いる環境、5. 主体と情報シ

104　金子朋子「セキュリティ・バイ・デザインとアシュアランスケース」（SEC journal 12 (3)）2016年。

図表4-14　システム概要図の例[105]

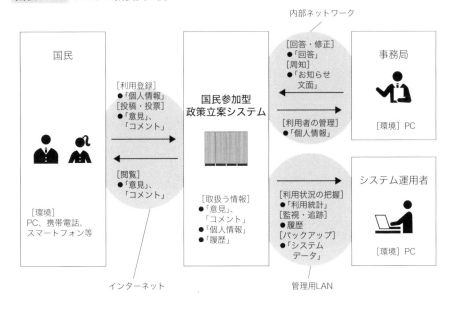

ステム、関連する他の情報システムとの関係を示す必要がある。

　一般的に、ITシステムに関して一定の知識を有していなければ、システム調達におけるセキュリティ要件を具体的に策定することは困難である。日本の多くのユーザー企業においてITシステムに知見ある人材が不足している状況を踏まえれば、ある程度定型的なプロセスに則り、セキュリティ要件を定められる手続きを整備することは、一定のセキュリティ水準を維持することに対して大きな意味がある。一つの例として、システムの概要を明確化した後、以下の6つの判断条件からセキュリティ対策要件の水準を決定することができるとされている[106]。

　システムの調達担当者は、上記の判断条件に基づいて、以下の**図表4-15**の各対策要件がそれぞれ優先的に実施すべき対策であるか検討する。具体的には、**図表4-16**の各対策要件の「判断条件対応関係」の欄に記載のアルフ

105　NISC「情報システムに係る政府調達におけるセキュリティ要件策定マニュアル」2015年を参考に筆者作成。
106　同上。

図表4-15　セキュリティ対策要件水準の判断条件（例）

判断条件	概要
A. 外部アクセスの有無	ネットワークを介して外部から情報システムにアクセスしてサービスの利用、業務の遂行、情報システムの管理等を行うか。
B. 情報の重要度	漏えいした場合、正常にアクセスできない場合あるいは消失した場合に、深刻な損害を被る可能性のある重要性の高い情報を取り扱うか。
C. 情報保存時の安全性	入退室管理等の物理対策だけでなく、情報システムが保存する情報に追加の技術的対策を行うべきと考えるか。
D. 利用者の限定要否	情報システムにアクセスする主体が、利用資格のある者、職員、グループのメンバー等の特定の者に限定されるか。
E. アカウントの多様性	利用者によって利用可能なサービスや業務が異なる等、利用者の特徴にバリエーションがあるか。
F. 複数部局による利用	情報の取扱い方や利用目的等が異なる複数の部局等の間で共用されるか。

ァベットに該当する判断条件が満たされるか否かを検討する。確認の結果に基づいて、「低位」、「中位」、「高位」のいずれの実施レベルを採用するかが決まり、調達仕様書へのセキュリティ要件の組み込みが成立する。

　以上は、ユーザー企業がシステムの調達に際して「セキュリティ・バイ・デザイン」を実践するひとつの事例である。流れ自体は一般的なものが示されているが、適用すべきセキュリティ対策が指定される場合（例：医療情報を扱うシステムにおける「医療情報システムの安全管理に関するガイドライン」）等は、図表4-16で示した対策要件集をカスタマイズする必要がある。

　企画・設計段階から開発委託先に、調達仕様としてセキュリティ要件を課すだけでなく、前述したように、開発されたシステムの納入前にマルウェアの混入等による不正動作や使用されるソフトウェアやハードウェアの脆弱性といった納品物に対するセキュリティ脅威を確認することも重要である。ソフトウェアに脆弱性を作り込まない対策として、昨今、設計段階において実施する、セキュアプログラミングが定着してきているものの、開発担当者のスキルには個人差があり、脆弱性が作り込まれてしまっている可能性は否定できない。そのため、システム等の設計・構築後にテスト段階でも脆弱性やマルウェア感染の有無を確認することが重要である。上記の段階で実施され

図表4-16　対策要件集の構成[107]

対策区分	対策方針	対策要件	判断条件対応関係	実施レベル有無 低位	中位	高位
侵害対策 (AT: Attack)	通信回線対策 (AT-1)	通信経路の分離 (AT-1-1)	A or F		有	有
		不正通信の遮断 (AT-1-2)	A		有	
		通信のなりすまし防止 (AT-1-3)			有	有
		サービス不能化の防止 (AT-1-4)			有	有
	不正プログラム対策 (AT-2)	不正プログラムの感染防止 (AT-2-1)	—	有		
		不正プログラム対策の管理 (AT-2-2)	A or B			有
	セキュリティホール対策 (AT-3)	構築時の脆弱性対策 (AT-3-1)	—	有		
		運用時の脆弱性対策 (AT-3-2)	A	有		
不正監視・追跡 (AU: Audit)	ログ管理 (AU-1)	ログの蓄積・管理 (AU-1-1)	B or C	有	有	
		ログの保護 (AU-1-2)		有	有	有
		時刻の正確性確保 (AU-1-3)	—		有	
	不正監視 (AU-2)	侵入検知 (AU-2-1)	A		有	有
		サービス不能化の検知 (AU-2-2)				有
アクセス・利用制限 (AC: Access)	主体認証 (AC-1)	主体認証 (AC-1-1)	D		有	有
	アカウント管理 (AC-2)	ライフサイクル管理 (AC-2-1)	D		有	
		アクセス権権利 (AC-2-2)	E			有
		管理者権限の保護 (AC-2-3)	—	有		
データ保護 (PR: Protect)	機密性・完全性の確保 (PR-1)	通信経路上の盗聴防止 (PR-1-1)	B or C		有	
		保存情報の機密性確保 (PR-1-2)			有	有
		保存情報の完全性確保 (PR-1-3)				有
物理対策 (PH: Physical)	情報窃取・侵入対策 (PH-1)	情報の物理的保護 (PH-1-1)	—	有		
		侵入の物理的対策 (PH-1-2)		有		
障害対策 (事業継続対応) (DA: Damage)	構成管理 (DA-1)	システムの構成管理 (DA-1-1)	B	有		
	可用性確保 (DA-2)	システムの可用性確保 (DA-2-1)	—	有		
サプライチェーン・リスク対策 (SC: Supply Chain)	情報システムの構築等の外部委託における対策 (SC-1)	委託先において不正プログラム等が組み込まれることへの対策 (SC-1-1)	—	有		
	機器等の調達における対策 (SC-2)	調達する機器等に不正プログラム等が組み込まれることへの対策 (SC-2-1)	—	有		
利用者保護 (UP: User Protect)	情報セキュリティ水準低下の防止 (UP-1)	情報セキュリティ水準低下の防止 (UP-1-1)	A		有	
	プライバシー保護 (UP-2)	プライバシー保護 (UP-2-1)	A		有	有

る脆弱性検査には、概ね図表4-17に示す4種類がある[108]。

　テスト段階で実施する以上の検査手法は、実装段階で作り込まれた脆弱性

107　NISC「情報システムに係る政府調達におけるセキュリティ要件策定マニュアル」2015年。
108　IPA「脆弱性検査と脆弱性対策に関するレポート ～組織で提供するソフトウェアの検査と組織内のシステムの点検のための脆弱性検査を～」2013年を参考に筆者作成。

図表4-17　脆弱性検査の類型

名称	概要
ソースコードセキュリティ検査	ソフトウェアのソースコードに作り込んでしまった脆弱性を検出する方法。実装段階で生じる脆弱性を検査できるが、設計段階で入り込んでいる脆弱性や未知の脆弱性は検査できない。
ファジングによる検査	ソフトウェアに対して脆弱性を発現させやすいデータやファイルを送り込み、脆弱性の有無を検査する方法。他の検査では見つけづらい脆弱性も見つけられる。実装段階で生じる脆弱性を検査できるが、設計段階で入り込んでいる脆弱性は検査できない。
システムセキュリティ検査	基本的にサーバやクライアント、組み込み機器に対して既知の脆弱性がないかを点検する方法。ネットワーク全体に対して検査することも、特定の機器やプログラムに対して検査することも可能な点に特徴がある。
ウェブアプリケーションセキュリティ検査	ウェブサイトを実現するためのソフトウェアの脆弱性の有無を検査する方法。主に既知の脆弱性が検出対象である。実装段階で生じる脆弱性を検査するのには向くが、設計段階で入り込んでいる脆弱性の検査は難しい。

を検出し、修正する場合には非常に有効となる。一方で、設計段階から作り込まれている脆弱性を検出することは容易ではない。前述したセキュリティ・バイ・デザインの適用とリリース前のテスト段階における脆弱性検査等のどちらかではなく、双方を実施することで、納入する/される製品・サービスが適切な水準のセキュリティ機能を有し、ひいては、委託元と委託先双方のリスクを適切に管理することにつながることを認識することが必要である。

(2) 製品・サービスの提供チャネルでセキュリティインシデントが発生し、機器の破損等の意図しない品質劣化が生じるリスクに対する対応

4-1-1の「製品・サービスの品質に対するリスクの事例」にて紹介した工場に導入した機器のマルウェア感染事案のように、機器等のサプライヤーまたは悪意のある第三者等により不正プログラムの埋め込みや不正な改造がなされることでセキュリティインシデントが発生するケースでは、性善説的なアプローチとは異なる、より性悪説的なアプローチが必要になる。

内閣サイバーセキュリティセンター（NISC）が公表している「外部委託等における情報セキュリティ上のサプライチェーン・リスク対応のための仕

様書策定手引書」では、上記のようなリスクに対応する場合、機器等の調達仕様書において考慮すべき以下3つの事項があるとしている。

- サプライチェーンを通じて組み合わされたソフトウェア、ハードウェア製品及び部品要素等に意図せざる変更を加えられていないことを担保することができる製造事業者による機器等を選定する（委託事業者によって担保可能であることを証明可能な書類等を提示させることなども考えられる）。
- 上記が困難な場合は、機器等の製造プロセスや情報セキュリティ管理体制が透明化、可視化されており、機器に不正が見つかったときの追跡力（トレーサビリティ）を確保するなどのサプライチェーン・リスクを増大させる要因となる脆弱性を可能な限り軽減させるための対策が製造工程において実施されている機器を選定する。
- サプライチェーン・リスクに係る情報セキュリティインシデントが発生した場合に、立ち入り検査等を受け入れるなど、委託元と協力してインシデント対処を実施することが可能な製造事業者による機器等を選定する。

　パソコンやサーバ、ネットワーク機器等の情報システムを構成する機器は、膨大な数の部品類から構成されており、それと関係するサプライチェーンは、地理的にも離れた非常に多数のサプライヤーが関わることが一般的である。調達した機器からマルウェア感染等の不正が見つかった場合は、原因調査や責任の切り分け、再発防止策の検討のため、サプライチェーン全体をスコープとしたトレーサビリティの確保が重要となる。

　一方で、サプライチェーンの複雑さは、トレーサビリティの確保をより困難なものとする。そのため、全ての機器や部品をトレーサビリティ確保の対象とするのではなく、当該機器の調達に係るリスクの大きさや管理工数等を勘案して、対象となる部品を絞り込む等、効率化を図ることも重要である。

　以上で述べた対応は、いずれも委託元と委託先との確固たる連携が必要な

ものである。委託元だけ、あるいは委託先だけの対応では十分な効果を得ることはできない。英語に、"It takes two to tango."（タンゴは1人では踊れない）という表現がある。旧ソビエト連邦との軍縮をめぐって当時のレーガン米国大統領が使用したことで知られているものだ。比喩も踏まえて素直に翻訳すると、「何かを成し遂げるには1人ではできない」という意味だが、翻って「責任は双方にある」という意味もあるとされている。個々の組織の取組みだけでは不十分となるサプライチェーンのサイバーリスク対応の性質をよく表している。

4-2 IoTの転写機能に係る信頼性確保

　IoT機器やゲートウェイ、ネットワーク等を通じて実現される「転写機能」（アナログからデジタルへの変換機能）は、「つながる世界」を支える根本的かつ非常に重要な機能である。転写機能が適切に動作しなければ、データドリブンな意思決定は信頼に足るものとはならず、Society 5.0等で掲げられている「つながる世界」のビジョンは成立し得ない。

　では、転写機能が適切に動作している状況とはどのようなものか。一つの回答として、第3章で述べたように、「IoTの信頼性」（IoT trustworthiness）は、セキュリティ、プライバシー、セーフティ、レジリエンス、リライアビリティという相互に関連した多様な側面から構成されている。中でも、セキュリティに係る事象は、プライバシーやセーフティ、レジリエンス、リライアビリティという他の構成要素の全てに影響を与える「原因」となり得る。本項では、セキュリティを中心に、「IoTの信頼性」を確保させるための対応について述べていく。

4-2-1　IoTと従来型のITの違い

　IoTを利活用したシステムが、デジタルトランスフォーメーションを通じ

図表4-18　IoT特有の性質[109]

No.	性質	概要
1	脅威の影響範囲・影響度合いが大きいこと	IoT機器はインターネット等のネットワークに接続していることから、攻撃を受けると、IoT機器単体に留まらずネットワークを介して関連するIoTシステム・IoTサービス全体へその影響が波及する可能性が高く、IoT機器が急増していることによりその影響範囲はさらに拡大してきている。また、IoT機器の制御にまで影響が及んだ場合、生命が危険にさらされる場面さえも想定される。さらに、IoT機器やシステムには重要なデータが保存されている場合もあり、こうしたデータの漏えいも想定される。
2	IoT機器のライフサイクルが長いこと	IoT機器として想定されるモノには10年以上の長期にわたって使用されるものも多く、構築・接続時に適用したセキュリティ対策が時間の経過とともに危殆化することによって、セキュリティ対策が不十分になった機器がネットワークに接続され続けることが想定される。
3	IoT機器に対する監視が行き届きにくいこと	IoT機器の多くは、パソコンやスマートフォン等のような画面がないことなどから、人目による監視が行き届きにくいことが想定される。
4	IoT機器側とネットワーク側の環境や特性の相互理解が不十分であること	IoT機器側とネットワーク側それぞれが有する業態の環境や特性が、相互で十分に理解されておらず、IoT機器がネットワークに接続することによって、所要の安全や性能を満たすことができなくなる可能性がある。
5	IoT機器の機能・性能が限られていること	センサー等のリソースが限られたIoT機器では、暗号化等のセキュリティ対策を適用できない場合がある。
6	開発者が想定していなかった接続が行われる可能性があること	あらゆるものが通信機能を持ち、これまで外部につながっていなかったモノがネットワークに接続され、IoT機器メーカーやシステム、サービスの開発者が当初想定していなかった影響が発生する可能性がある。

　て多くの事業者の本業に深く関わるようになることを踏まえれば、セキュリティをはじめとする「IoTの信頼性」を確保することの重要性は自ずと理解できるはずである。

　それにもかかわらず、IoTにおけるセキュリティ対策は、しばしば困難に直面する。それは、これまでセキュリティ対策が主になされてきたITシステムとIoTシステムとの間にいくつかの重要な差異があるからである。

　2016年7月にIoT推進コンソーシアム、総務省、経済産業省から公開されている「IoTセキュリティガイドライン Ver.1.0」では、IoTシステムにおいてセキュリティ対策を実施する際、**図表4-18**に示す6つの性質とリスクを踏

109　IoT推進コンソーシアム、総務省、経済産業省「IoTセキュリティガイドライン Ver.1.0」2016年。

図表4-19 消費者向けIoTと産業用IoTとの性質の差異[110]

特性	消費者向けIoT	産業用IoT
フォーカス	個人データと資産の保護	プロセスの中断防止、セーフティ
優先度	可用性＜完全性＜機密性	機密性＜完全性＜可用性
機器障害の影響	致命的な影響なし	プロセスの中断、生産への影響、物理的な影響
脅威への対応	電源を切って修復が可能	メンテナンス時
アップグレードとパッチ管理	運用時間中に可能。延期する理由はなし	ダウンタイム中にスケジュールを設定して実行する必要があるため、アップグレードはかなりの時間延期される可能性あり
機器のライフサイクル	比較的頻繁に機器をアップグレード	長い（15年以上）
設置状況	通常	過酷な環境（温度、振動など）

まえることが必要とされている。6つの性質のそれぞれが、ITシステムに準じる水準のセキュリティ対策の実装を困難にする。

　また、一口にIoTといっても、様々な応用領域があることはこれまでも述べてきた通りである。前述したドイツのIndustrie 4.0におけるスマート工場や米国におけるIndustrial Internetの構想に典型的に表れている産業用IoT（Industrial IoT）と、スマートスピーカーやスマートウォッチ等に代表される消費者向けIoT（Consumer IoT）では、IoT機器が担う役割も、直面するリスクも異なる。

　特に、サイバーリスクへの対応という側面から、消費者向けIoTと産業用IoTの差異を抽出しているのが**図表4-19**である。

　消費者向けIoTにも製品安全の側面は存在するが、産業用IoTでは、特にシステムやプロセスが安全に稼動し続けることが求められる。そのため、一般的なITシステムや消費者向けIoTでは機密性（情報に対して認可されないアクセスをさせないこと）、完全性（情報を改ざん等から保護し、正確かつ完全なまま管理すること）、可用性（情報へ利用したいときにアクセスで

110　IPA、ENISA「スマートマニュファクチャリングにおけるIoTセキュリティのグッドプラクティス」2018年を基に筆者改変。

きること）の順にセキュリティの優先度が定められるところ、産業用IoTでは優先順位が逆転するという性質がある。また、機器のライフサイクルの長さも相まって、産業用IoTでは、運用時にセキュリティ対策を講ずることの難易度が相対的に高まる。これは、企画・設計段階からセキュリティ上の課題に対処する「セキュリティ・バイ・デザイン」の原則を採用することの重要性を高める。

とはいえ、セキュリティ・バイ・デザインの実施だけでサイバーリスクを最小化することはできない。IoT機器/システムの顧客への納入後もセキュリティに関する脆弱性が発見される場合があるため、IoT機器/システムのユーザーはセキュリティ上重要なアップデート等を必要なタイミングで適切に実施する必要がある。また、IoT機器/システムの提供者（例：メーカー、システムインテグレーター）は、機器やシステムを納入した後も継続的に脆弱性情報を収集し、原因究明、パッチ等の提供、情報公開等を実施する体制を構築することが求められる。

以上のように、ITとIoTの差異、IoTの中でも例えば産業用IoTと消費者向けIoTの性質の異なりを理解し、機器/システムのライフサイクルを通じて具体的な対策を講じることが、効果的かつ効率的な信頼性の確保には必要である。

4-2-2　IoT機器/システムにおけるサイバーリスクと有効な対策

以下では、これまで述べてきたIoTの性質を考慮しつつ、IoT機器/システムに課す必要のあるセキュリティ対策を検討する。ここで、対策を適用する「転写機能」を実現するIoT機器/システムとして、**図表4-20**のようなものを想定する。

最下部は、物理的なエンティティの特性を測定し、ネットワーク経由で送信可能なデジタルデータを出力する「IoTセンサー」、正当なデジタル信号に応答して物理的なアクションを実行する「IoTアクチュエーター」、プロセスの状態を監視し、危険な状態になったときにプロセスの安全を確保するシステムである「安全計装システム（SIS）」からなっている。IoTセンサーやIoTアクチュエーター、SISは、「ネットワーク機器」を経由してプロセス

図表4-20　IoTシステム（第2層に属する部分）の基本的なアーキテクチャ[111]

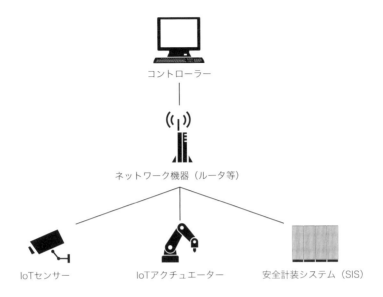

コントローラー

ネットワーク機器（ルータ等）

IoTセンサー　　　　　IoTアクチュエーター　　　　安全計装システム（SIS）

を制御する「コントローラー」に接続している。コントローラーは、センサーデータを受信及び処理し、制御情報をIoTセンサーやIoTアクチュエーターに提供する。

　以下では、上記のアーキテクチャにおける各構成要素について、想定される脅威と実装すべき対策を述べる。

IoTシステムの構成要素に想定される脅威
（1）IoTセンサーに想定される脅威

　IoTセンサーは、フィジカル空間からデジタルデータを収集するプロセスの根幹を担っている重要な機器である。IoTセンサーによる転写機能の信頼性に影響を及ぼすようなセキュリティに係る主な脅威には下記のようなものが想定される。

111　各種公表資料を参考に筆者作成。

① 計測機能に対する物理的な妨害により、適切でないデータの送信等が発生する

② センサーが偽装され、適切でないデータが送信される

③ センサーの通信が漏えいしたり、ネットワーク上で改ざんされたりする

　①、②、③のうち、実際のセキュリティに関する脅威として被害を比較的イメージしやすいのは③だろう。特に、監視カメラの映像が不正アクセス等により外部に漏えいする事案は多数報告されている。監視カメラがインターネットに接続され、不特定多数の人や機器からインターネット経由でのアクセスを許可している場合、初期設定のままのIDやパスワードを使用していたり、初期設定を変更していたとしても、脆弱な設定を利用していたりすれば、外部から不正アクセスを受ける可能性は高まる。過去、IDとパスワードが初期設定のままの世界中のカメラを、勝手に覗き見ることができる「Insecam」というサイトが話題になった。

　一方で、直近では、多くの機器で汎用的に動作するサービスへの攻撃と比較して、各IoT機器固有の脆弱性を狙う攻撃通信が増加しているという報告もされており[112]、センサー等を狙った攻撃のトレンドも、利用者等のより細かな対応が必要なものへと変化しつつある。

　①でも具体的な事例が生じつつある。2019年9月にミシガン大学の研究チームは、自動運転車に対するサイバー攻撃として、距離計測センサーのLiDAR（ライダー）に偽情報を送り込む手法を考案したと発表している。自動運転車は、周囲の状況を把握するため、カメラやレーダー、ライダーなど複数のセンサーを搭載している。センサーにはそれぞれ得意、不得意があるため、自動運転車は各センサーで得た情報を組み合わせてどう動くか判断しているが、実在しない障害物が存在するかのように見せることで、自動運

112　国立研究開発法人 情報通信研究機構 サイバーセキュリティ研究所サイバーセキュリティ研究室「NICTER 観測レポート2018」2019年。

転車の動作を混乱させられるという[113]。特に、自動運転のような、レスポンスの即時性や計測の正確性が求められるようなユースケースでは、センサーにおける計測の乱れは、センサーから収集したデータに基づいて稼動するシステムや業務に対して重大な影響を及ぼしうる。収集したデータを利用する用途が高度化すればするほど、IoTセンサーに対する脅威はクリティカルなものとなることが予想される。

(2) IoTアクチュエーターに想定される脅威

IoTセンサーがフィジカル空間からデジタルデータを収集するプロセスの根幹を担っている機器ならば、IoTアクチュエーターはサイバー空間からの指示をフィジカル空間で実行するプロセスを担う機器である。そのため、下記のようなIoTアクチュエーターに対する脅威がもたらす影響は、周囲の物理的な環境（例：人、設備、環境）に対するセーフティの観点での被害や事業継続性の観点での被害に結びつく可能性が指摘されている。

- アクチュエーター内部に不正アクセスされ、設定変更等を通じて事前に想定されていない動作をする
- 遠隔からIoT機器を管理するシステムやコントローラーに不正アクセスされ、アクチュエーターに不正な入力をされる
- サービス拒否攻撃等により、アクチュエーターや通信機器等の機能が停止する

これまで外部からアクセス可能なネットワークにつながっていなかった機器がネットワークに接続するようになったことを通じて、上記のような脅威により、人や環境の安全性に直接影響を及ぼし得るようになった事案も報告されている。例えば、2011年Black HatにてJerome Radcliffe氏が発表した

113　The Michigan Engineer News Center「New attack on autonomous vehicle sensors creates fake obstacles」(2019年9月10日)(https://news.engin.umich.edu/2019/09/new-attack-on-autonomous-vehicle-sensors-creates-fake-obstacles/)より。

図表4-21　IoT機器に潜むリスクのイメージ[114]

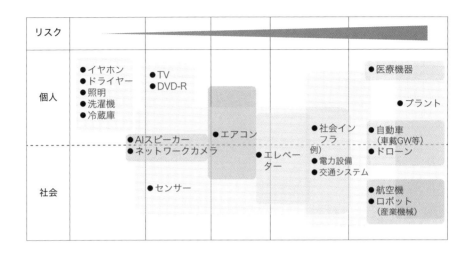

インスリンポンプへの侵入事案が例として挙げられる。糖尿病患者のインスリンポンプに無線機能の脆弱性を利用して侵入し、投与するインスリンの量を外部から操作するなど「致死的な攻撃」を仕掛けることができることを示した。医療機器に関しては、2016年10月にもAnimas社のインスリンポンプに治療情報漏えいや不正操作・妨害の恐れのある脆弱性、2017年1月にSt. Jude Medical社の心臓ペースメーカーに不正な遠隔操作の恐れのある脆弱性が発見されている。

　図表4-21に示すように、医療機器も含め、自動車やドローン、産業用ロボット等では潜在的なリスクが大きいものと考えられる。一方で、イヤホンやドライヤー、照明等のスマート家電のように特にセーフティという観点からはリスクが比較的大きくないものも存在する。効率的かつ効果的に対策を実施するという意味では、こうしたリスクの大きさにおける差異を考慮することが必要になると考えられる。

114　経済産業省『「第2層：フィジカル空間とサイバー空間のつながり」の信頼性確保に向けたセキュリティ対策検討タスクフォースの検討の方向性』（「第2層：フィジカル空間とサイバー空間のつながり」の信頼性確保に向けたセキュリティ対策検討タスクフォース 第1回会合資料）2019年。

（3）安全計装システム（SIS）に想定される脅威

　安全計装システム（SIS）は、前述したIoTセンサーやIoTアクチュエーターとは異なり、プロセスの状態を監視し、危険な状態になったときに機能し、プロセスの安全を確保するシステムである。SISへの侵入、SISの不正操作または中断は、多くの人々に影響を及ぼし、環境問題を引き起こし、さらには他のシステムにまで拡大し、それらの運用に影響を与え、停止させることさえある。

　2017年8月、仏大手重電メーカーであるSchneider Electric社製の安全計装システムがマルウェア「TRITON」の攻撃を受け、監視していた制御装置が緊急停止したことが報告されている。TRITONはSISに対する最初のサイバー攻撃だとされている。TRITONはSISに自身をインストールし、攻撃者に完全な制御を与えた。が、最終的な攻撃には失敗したものの、結果的にSISのフェールセーフ機能が作動し、操業が一時停止する事態となった。

（4）ネットワーク機器及びコントローラーに想定される脅威

　ネットワーク機器は、IoTセンサーからのデータを受信して集約したり、他の通信を制御しつつ、コントローラーからの指示をIoTセンサーやIoTアクチュエーター等に伝達する役割を果たす。また、コントローラーはIoTセンサーからのデータを受信・処理し、指示をIoTセンサーやIoTアクチュエーターに提供する機能を果たす。

　下記に示すようなこれらの機器に対する脅威は、当該機器に接続している他の様々なIoT機器にも広く影響を及ぼし得るという意味で、非常に重大なものである。

- コントローラーやネットワーク機器の内部に不正アクセスされ、ソフトウェアの構成や設定を変更される
- 侵害されたコントローラーからネットワーク機器及びIoTアクチュエーター等に不正な指示が出される

- 受信したセンサーデータの不正な変更

IoT機器及びシステムに必要なセキュリティ対策

第2章で述べたように、IoT機器やそうした機器を活用したシステムが社会に非常に速いスピードで普及する中で、各国がIoT機器に実装されるべきセキュリティ対策のベースライン策定やIoTシステム全体のセキュリティ確保に向けたガイドライン策定等を実施している。特にIoT機器に実装されるべきセキュリティ対策のベースラインについては、カリフォルニア州IoTセキュリティ法や日本におけるIoT機器等通信機能を有した機器の技術適合認定のように事業者に課せられる規制として機能するものも現れつつある。IoTにおけるセキュリティの問題は、既に、単なるセキュリティ脅威への対応だけでなく、コンプライアンス対応としての意味合いも有するようになっている。

先に述べた脅威も踏まえ、(1) IoTセンサー、(2) IoTアクチュエーターからなる「IoT機器」について、米国NISTは図表4-22に示すセキュリティ要件を最低限のベースラインとして提案している。

特に、1から8の8つの要件は、ほとんどのIoT機器に適用することが想定される基本的な対策と考えられている。

1を通じて、脆弱性管理、アクセス管理を含めた資産管理がサポートされる。また、個々の機器にIDが割振られることで、機器の一意の識別が実施可能となる。1で求められる識別機能は、4で求められる認証機能と組み合わせられることで、機器への不正アクセスや不正なデータ受信等のリスクを低減することができる。

先に述べたように、IoT機器やIoTシステムへの攻撃は、機器の設定を変更することで不正アクセスや誤動作のようなより高次な被害をもたらす可能性がある。2や3のような機器の設定に関する要件を通じて、こうした脅威を抑制する。3における機器の設定を安全に変更できる機能や8の保存データのリセット機能は、仮に不正アクセス等を受けた場合でも被害を最小限にするというレジリエンスの観点からも重要なものである。

IoTセンサーから取得するデータは、場合によっては非常に機密性の高い

● ほとんどのIoT機器に適用することが考えられるベースライン候補
1. 論理的かつ物理的に識別できる。
2. ソフトウェア及びファームウェアは、安全で制御された、設定可能なメカニズムを用いてアップデートできる。
3. 許可されたユーザーは、安全な「デフォルト」状態への復元を含めて、機器の設定を安全に変更できる。機器設定に対する許可されていない変更を防ぐことができる。
4. 機器及び機器インターフェースへのローカル及びリモートのアクセスを制御できる。
5. 保存及び送受信されたデータを保護するための暗号を使用できる。
6. 機器通信の全ての層に、業界が承認した標準化されたプロトコルを使用できる。
7. サイバーセキュリティイベントの詳細をログに記録し、許可されたユーザー及びシステムがそれらにアクセスできる。
8. 機器上の全ての保存データは、許可されたユーザーによってリセットでき、全ての内部データストレージから安全に削除される。

● 全てのIoT機器に要求するには適さない可能性があるベースライン候補
9. ソフトウェア、ファームウェア、ハードウェア及びサービスの全ての取得元を確認するための情報が開示され、アクセスできる。
10. バージョンやパッチの状態を含む、現在の機器内部のソフトウェア及びファームウェアの一覧が開示され、アクセスできる。
11. 機器の設計や設定を通じて、機能を最小限とする指針を実施できる。
12. 物理的なアクセスを制御できるように設計される。

データを含み得る。その場合、ネットワーク上での通信の盗聴や、保管された機密データの漏えいや改ざん等を防ぐため、ITシステムと同様に当該データを暗号化して保存、送受信する等の対応が実施されていることが望ましい。

　上記の対策を講じたとしても、ITシステムと同様、IoT機器に対しても不正アクセス等を完全に防止するのは困難である。そのため、被害を最小化するという観点から、セキュリティインシデントを早期に検知し、対応することが重要になる。また、事案発生後の監督機関や関係者への説明責任を果たすためにも、記録の保持は必須である。しかし、そもそもIoT機器にセキュリティ事象を検知するために必要なログ情報を生成し、保管する機能がなければそれすら困難となる。そのために、7が実装され、収集されたログ情報を定期的にレビューする等して、異常の早期検知・対応を実現することが望ましい。

　上記の要件はあくまでベースラインとして想定されるものであって、例えば図表4-21で示した個人や社会に対するリスクの大きいIoT機器において

は追加的なセキュリティ対策が検討される可能性がある。第2章で紹介した英国「消費者向けIoT製品のセキュリティに関する行動規範」をベースに策定されたETSI（欧州電気通信標準化機構）の"Cyber Security for Consumer Internet of Things"では、以下に示すように、13個の項目の実施に必要な細分化された要件を、必須要件（M）と推奨要件（R）、条件付き必須要件（MC）、条件付き推奨要件（RC）に分けて要件が提示されている。なお、「必須要件」とあるが、現状、規制等で要件が義務化されているわけではない。上記基準は、消費者向けIoTを念頭に置いていることもあり、必須要件とされている要件は、前述したNISTによるベースラインと必ずしも整合しているわけではないが、IoT機器にセキュリティ要件を実装する際の優先順位を定める参考とすることができる。

1. 単一のデフォルトパスワードを使用しない
　　1-1 全てのIoT機器のパスワードは一意であり、工場出荷時のデフォルト値にリセット可能であってはならない。（M）
2. 脆弱性の報告管理手段を実装する
　　2-1 インターネットに接続された機器及びサービスを提供する事業者は、セキュリティ研究者などが問題を報告できるようにするため、脆弱性開示ポリシーの一部として公共の連絡先を提供しなければならない。（M）
　　2-2 開示された脆弱性は、タイムリーに対処されることが望ましい。（R）
　　2-3 事業者は、製品のセキュリティライフサイクルの一部として、自身が販売、生産、運用する製品及びサービスの脆弱性を継続的に監視、特定、修正することが望ましい。（R）
3. ソフトウェアを最新のものとする
　　3-1 IoT機器における全てのソフトウェア構成要素は、安全にアップデート可能であることが望ましい。（R）
　　3-2 消費者は、アップデートが必要であることについて、メーカーやサービスプロバイダー等の適切なエンティティから通知を受けること

が望ましい。（R）

3-3 ソフトウェアコンポーネントがアップデート可能な場合、アップデートはタイムリーに実施されなければならない。（MC）

3-4 ソフトウェア構成要素がアップデート可能な場合、機器がソフトウェアアップデートを受信するのにかかる最小時間と、サポート期間の長さの理由を明示的に示す機器のサポート終了（EoL:End of Life）ポリシーが公開されなければならない。 このポリシーは、消費者にとって明確かつ透明性をもってアクセス可能な方法で公開されなければならない。（MC）

3-5 ソフトウェア構成要素がアップデート可能な場合、各アップデートの必要性を消費者へと明確に提示し、アップデートを容易に実装することが望ましい。（RC）

3-6 ソフトウェア構成要素がアップデート可能な場合、アップデートは機器の基本的な機能を維持することが望ましい。これは、アップデート実行中も利用可能な状態を維持するために重要である。（RC）

3-7 ソフトウェア構成要素がアップデート可能な場合、ソフトウェアアップデートの出所を保証し、セキュリティパッチを安全なチャネルで配信することが望ましい。（RC）

3-8 ソフトウェアをアップデートできないという制約のある機器の場合、製品は分離可能（isolable）かつ、ハードウェアは交換可能であることが望ましい。（RC）

3-9 ソフトウェアをアップデートできないという制約のある機器の場合、ソフトウェアアップデートがない理由、ハードウェアの交換サポートの期間、及びEoLポリシーが、消費者にとって明確かつ透明性をもってアクセス可能な方法で公開されていることが望ましい。（RC）

4. 認証情報とセキュリティ上重要な情報を安全に保存する

4-1 資格情報及びセキュリティ上重要なデータは、サービス及び機器の内部に安全に保管されていなければならない。また、機器のソフトウェアにおいてハードコードされた資格情報を使用してはならな

い。（M）

5. 安全に通信する

5-1 リモート管理及びリモート制御を含むセキュリティ上重要なデータ
は、技術やその用途の特性に適した暗号方式で伝送中に暗号化され
ていることが望ましい。（R）

5-2 全ての暗号鍵を安全に管理することが望ましい。（R）

6. 攻撃対象になる場所を最小限に抑える

6-1 未使用のソフトウェアとネットワークポートを閉じることが望まし
い。（R）

6-2 ハードウェアは、アクセス可能な部分を攻撃に不必要にさらさない
ことが望ましい。（R）

6-3 ソフトウェアサービスが使用されていない場合は、利用できないよ
うになっていることが望ましい。（R）

6-4 コードは、サービス／デバイスが動作するために必要な機能に最小
化されていることが望ましい。（R）

6-5 ソフトウェアは、セキュリティと機能の両方を考慮して、必要最小
限の特権で稼動することが望ましい。（R）

7. ソフトウェアの完全性を確認する

7-1 IoT機器上のソフトウェアは、ハードウェアの信頼の起点（root of
trust）を必要とする安全な起動メカニズムを使用して検証される
ことが望ましい。（R）

7-2 ソフトウェアに対する不正な変更が検知された場合、機器は消費者
や管理者に警告することが望ましい。また、警告機能を実行するた
めに必要なネットワークよりも範囲の広いネットワークに接続しな
いことが望ましい。（R）

8. 個人データの保護を徹底する

8-1 機器メーカーとサービスプロバイダーは、各機器とサービスについ
て、消費者に対して、当該個人に紐づくデータの利用用途、利用
者、利用目的について、明確で透明な情報を提供しなければならな
い。本要件は、広告主を含む関係者にも適用される。（M）

8-2 個人データが消費者の同意に基づいて処理される場合、この同意は有効な方法で取得されていなければならない。(M)

8-3 個人データの処理に同意した消費者には、任意の時点でそれを撤回する機会が与えられなければならない。(M)

9. 機能停止時の復旧性を確保する

9-1 ネットワークや電源が停止する可能性も考慮して、IoT機器及びサービスの要求に見合う水準のレジリエンスを組み込むことが望ましい。(R)

9-2 合理的に可能な限り、IoTサービスは、ネットワークが失われた場合でも動作し続け、ローカルで機能し、電力が失われた場合も手際よく復旧することが望ましい。(R)

9-3 機器は、大規模な再接続ではなく、期待されている動作可能な安定した状態、かつ、規則正しい方法でネットワークに戻れることが望ましい。(R)

10. システムの遠隔データを調査する

10-1 IoT機器及びサービスから、使用状況や測定データ等の遠隔測定データを収集する場合、セキュリティ上の異常がないか当該データを調査することが望ましい。(RC)

10-2 遠隔測定データがIoT機器及びサービスから収集される場合、個人データの処理を最小限に抑え、そのようなデータを匿名化することが望ましい。(RC)

10-3 遠隔測定データがIoT機器及びサービスから収集される場合、消費者には、収集される遠隔測定データとその収集理由に関する情報が提供されなければならない。(MC)

11. 消費者が個人データを容易に削除できるように配慮する

11-1 所有権の移転がある場合や、消費者が自身に紐づくデータを削除したい場合、消費者が機器からサービスを削除したい場合、または消費者が機器の処分を希望した場合、機器及びサービスは、個人データを簡単に削除できるように設定されていることが望ましい。(R)

11-2 消費者に、個人データを削除する方法について明確な指導がなされることが望ましい。(R)

11-3 個人データがサービス、機器、及びアプリケーションから削除されたことの明確な確認が消費者に提供されることが望ましい。(R)

12. デバイスの設置とメンテナンスを容易にできるように配慮する

12-1 IoT機器のインストールと保守では、最小限の手順を使用し、使いやすさに関するセキュリティ上のベストプラクティスに従うことが望ましい。消費者には、機器を安全にセットアップする方法に関するガイダンスも提供することが望ましい。(R)

13. 入力データを検証する

13-1 ユーザー・インターフェイスを介して入力されたデータや、API（Application Programming Interfaces）を介して転送されたデータ、またはサービスや機器におけるネットワーク間で転送されたデータは検証されなければならない。(M)

　機器を製造・販売するサプライヤー側にとっては、コンプライアンス対応の意味も含めて、以上を例とする一定のセキュリティ要件を機器に実装することが、納入先の組織におけるセキュリティを向上するだけでなく、自組織のリスクを低減することにもつながる。

　IoT機器やその部品となるハードウェアやソフトウェアを提供する事業者が製品やサービスのセキュリティ機能を実装し、運用段階も含めて機能を維持しようとする場合、**図表4-23**のように、近年多くの組織で構築されつつあるCSIRTを中心とした社内の情報システムを対象にした管理体制だけでなく、PSIRTを中心とした、実際に製品やサービスを提供する部門も含めたセキュリティ管理体制を構築することが求められる。

　PSIRTとは、顧客の安心・安全確保に向け、企画・設計から運用、廃棄に至るまでの製品やサービスのライフサイクルに沿ってセキュリティリスク管理を推進する組織である。通常、製品やサービスは、設計部門や開発部門、メンテナンス部門等の複数の社内部門が連携することで提供されるた

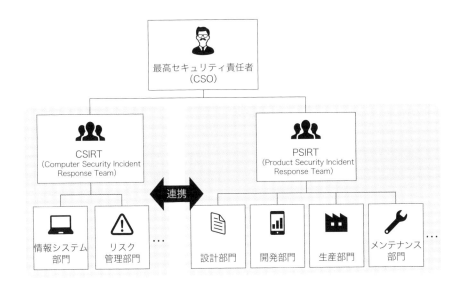

め、PSIRTにはそういった複数の部門と連携をとりながら、例えば以下の
ような対応を通して継続的に製品やサービスに関わるセキュリティリスクの
低減を図っていくことが求められる。

企画・設計段階：製品企画部門や設計部門等と連携し、製品やサービスの
　　　　　　　　企画及び設計の初期段階において適切な水準のセキュリ
　　　　　　　　ティ要件が組み込まれるように、必要なセキュリティ対
　　　　　　　　策基準や実施手順等を整備する。
テスト段階　　：開発部門や生産部門等と連携し、企画・設計段階で組み
　　　　　　　　込まれたセキュリティ要件が適切に実装されているかを
　　　　　　　　確認する。
運用段階　　　：メンテナンス部門等と連携し、提供する製品・サービス
　　　　　　　　に新たに発見された脆弱性に対して、原因究明、パッチ
　　　　　　　　等の提供、情報公開等の対応を実施する。

第2章で述べたように、多くの事業者においてセキュリティ担当役員であるCISO等の所掌範囲は社内の情報システムが中心であり、自社が提供する製品やサービスに対して責任をもつケースは少ないものの、自身が提供する製品やサービスのセキュリティに対して組織的な対応を講じることができない状況は非常にリスキーである。自社製品・サービスの事業戦略に合わせて、そこから生じ得るリスクを管理する体制の構築や具体的な施策の検討が進められるべきである。

　機器を調達し、利用するユーザー側は、調達する機器に十分なセキュリティ対策が実装されているかを確認する必要がある。なお、特に産業用のIoT機器は前述したように長期間の使用が予想されるため、調達時に実装されたセキュリティ要件を確認するだけでなく、販売後のセキュリティサポート方針やサポート体制についても確認することが望ましい。

　一方で、センサー等の機能・性能が限られたIoT機器では、上記で要件として記載していた暗号化等のセキュリティ対策を適用できない場合がある。こうした制約のあるIoT機器のセキュリティを確保する場合には、IoT機器単体でのセキュリティ対策のみならず、機器、ネットワーク、プラットフォーム、サービス等の階層ごとにセキュリティ対策の役割を分担し、IoTシステム・サービス全体でセキュリティを確保することが必要である。
　例えば、セキュリティ対策の困難なIoT機器をネットワークに接続する場合、インターネットへつながる手前のネットワーク機器（例：ルータ、ゲートウェイ）にてIoT機器の機能不足を補うようなセキュリティ対策を実施することが望ましい。ネットワーク機器は、それ自体が保護されるべき資産だが、図表4-24に示すように、IoT機器等の他の資産を保護するための手段としても機能する。
　ルータ等のネットワーク機器が、接続しているIoT機器等を保護するために果たすべき機能については、マルウェア"Mirai"の事案等でIoT機器のセキュリティの脆弱性が露わになったことを通じて、改めて注目されている。そのような関心を受けて、ドイツでは、情報セキュリティ庁（BSI）及び経

図表4-24 上位のIoT機器・システムで守るイメージ[115]

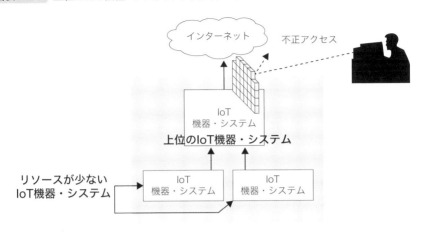

図表4-25 ドイツ「セキュアブロードバンド向け要求事項」における必須要件の概要[116]

ガイドラインで求める必須要件の概要

- ●ルータが提供する全てのサービスについて、使用するポートを含めて開示する
- ●使用しないサービスのポートを閉じる
- ●ゲストモードで接続する機器について、他の機器やルータ設定へのアクセスを禁止
- ●工場出荷時のパスワードは、ルータのモデル名やMACアドレスに関する情報から構成してはならない
- ●工場出荷時のパスワードは、複数の機器で使い回してはならない
- ●パスワードは8字以上、英数字・記号の組み合わせでなければならない
- ●ファームウェアの更新機能を備える
- ●ファームウェア更新前にパッケージを検証する
- ●製造メーカーは、重大な脆弱性に対するファームウェア更新の提供期間を情報開示し、サポート終了の際はその情報をルータ側でも確認できるようにする
- ●ファイアウォール機能を備える

済エネルギー省（BMWi）がエンドユーザー向けルータのセキュリティ要件を定めた技術ガイドラインを策定し、2018年11月に公表している。

図表4-25では、通信機器メーカーが自社のルータが同ガイドラインに適合していることを自己宣言するために準拠が必須とされている要求事項の概要を示している。適用対象となるルータ自体をセキュアにするための要求事

115　IoT推進コンソーシアム、総務省、経済産業省「IoTセキュリティガイドライン Ver.1.0」2016年。
116　Federal Office for Information Security「BSI TR-03148: Secure Broadband Router」2018年の情報を基に筆者作成。

図表4-26　IoT機器・システムの導入における取引先等との連携[117]

担当者の業務	取引先等との取り交わし	取引先等に対するセキュリティ対策ポイント
供給者関係計画プロセス	要求仕様書	● セキュリティに関する要求をSIerや機器ベンダーに要求仕様として伝える
供給者選定プロセス	提案書	● 信頼できる外部事業者等を選定する ● 導入後のセキュリティサポートも可能な調達先を選定する ● データの取扱いや破棄に関する確認を行う
供給者関係合意プロセス	契約書	● セキュリティ対策に関する事項を仕様書等で確認する ● セキュリティ問題が発生したときの外部事業者との責任分界点を明確にする
供給者関係管理プロセス	受け入れ検収 運用マニュアル	● 要求仕様や契約で定めたセキュリティ対策が実施されているか確認する ● 脆弱性に迅速に対処するため、危機ベンダーや外部機関から情報を入手し、IoT機器等の管理を行う
供給者関係終了プロセス		● データ削除やIoT機器の破壊について、必要に応じて外部事業者に徹底させる

　項に加え、ファイアウォール機能の実装や使用しないサービスのポートの閉塞等、適切なアクセス制御を実施することで、同ルータに接続する他の機器を守るために必要な要求事項も記載されている。

　その他、あるネットワークをプロトコルの異なるネットワークと接続するために利用されるIoTゲートウェイによりネットワークの分離やアクセスの制御を実施する対策等が提案されている。

　以上で述べたように、IoT機器・システムにより果たされる「転写機能」を適切に保護するためには、IoT機器自体だけでなくネットワーク機器も含めた多層的なセキュリティ対策が必要となる。また、自組織だけでIoT機器の製造やIoTシステムの構築等を実施することが困難であることを踏まえれ

117　JPCERTコーディネーションセンター「工場における産業用IoT導入のためのセキュリティファーストステップ」2018年を本書での用語等に合わせて修正。

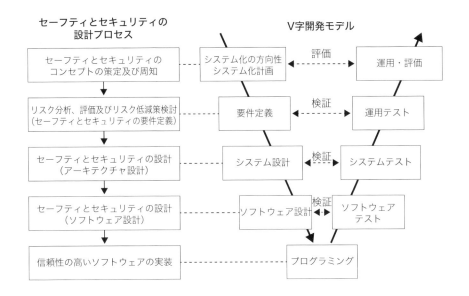

ば、図表4-26に示すように、必然的にサプライチェーンのセキュリティ確保にて重要と述べた取引先等による「アシュアランス」のプロセスが必要になる。要求仕様書や契約書等を活用した確かなセキュリティ対策実装とアシュアランスのプロセスを整備することが、信頼に足るIoTの実装を目指すユーザー事業者にとって重要である。

4-2-3　セーフティの側面も考慮したセキュリティ・バイ・デザインの実施

　ITシステムにおけるセキュリティ・バイ・デザインの重要性については、前述した通りだが、IoT機器・システムにおいてもその重要性が翳ることはない。むしろ、IoTシステムのライフサイクルの長さや保守の難しさ、担う役割の重要性等を考慮すれば、ITシステムの場合よりもさらに重要性が高いと言っても過言ではないだろう。

　IoT機器・システムにおいて特有と言ってよいのが、セーフティとの関係

118　IoT推進コンソーシアム、総務省、経済産業省「IoTセキュリティガイドライン Ver.1.0」2016年。

である。つまり、セキュリティ上の脅威がセーフティの問題につながるケースが想定される。元来、セーフティとセキュリティは別個の分野として発展を遂げてきたが、IoTの進展を通じて、双方の融合が検討されるようになっている。フィジカル空間に直接的に変化を及ぼすようなIoT機器・システムにおけるセキュリティ・バイ・デザインでは、セキュリティだけではなくセーフティの側面も考慮した対策の実施が必要となる。

　機器やシステムにおいて、設計が実現されていることを検証・評価するスキームとしてはV字開発モデルが挙げられる。セーフティとセキュリティの設計におけるV字開発モデルの例を示しているのが**図表4-27**である。セーフティに関しては、設計時のリスク分析・対策で対応するのが一般的とされているため、セキュリティ・バイ・デザインのプロセスの中にセーフティを考慮したプロセスを組み込むことが有効である。

　セーフティ設計やセキュリティ設計の重要性が広く認知されている中で、セーフティ設計またはセキュリティ設計の基本方針の明文化、基本方針に基づいたセーフティ設計、セキュリティ設計のルールの明文化等の実際の取組みは進んでいるとは言えない[119]。セキュリティ対策とセーフティ対策の統合については近年国際標準化の場でも議論がなされており、IEC TR 63074、IEC TR 63069 等を参照することが可能である。また、一方で、IoTシステムのような、多数のシステム構成要素が相互に連関し合うような複雑なシステムにおけるリスク評価手法として、近年、STAMP（Systems-Theoretic Accident Model and Processes：システム理論に基づくアクシデントモデル）/STPA（System-Theoretic Process Analysis）が提唱されている[120]。こうした標準や手法等も参照しつつ、各事業者で具体的なプロセスが整備されていくことが期待される。

119　IPA「セーフティ設計・セキュリティ設計に関する実態調査結果」2015年。
120　STAMP/STPAの詳細については、IPA「はじめてのSTAMP/STPA ～システム思考に基づく新しい安全解析手法～」2016 等を参照されたい。

4-3　組織を跨るデータの利活用に係る信頼性確保

　第1章でも述べたように、「データは21世紀の石油」と言われている。Society 5.0で掲げるのも、「IoTに五感、AIに頭の役割を担わせ、人間の仕事の一部をロボットに実行させる社会[121]」だとすれば、データは体をめぐる血液と言える。信頼に足るデータが五体の隅々までめぐらなければ、AIもロボットも正しく動かない。社会の隅々にまで価値あるデータを流通させる仕組みを構築し、社会全体でデータの利活用による効用を最大化しようとする試みが進んでいるのは、これまでも述べてきた通りである。

　一方で、データの流通や利活用には一定のリスクがある。事業者等が有する機密情報や個人情報の漏えい、不適切な個人データ等の取扱いを通じた事業者への信頼の低下といった事案は、昨今、組織を跨るデータの流通・利活用が叫ばれる前から生じてきたものだが、取り扱うデータの量の増大や組織間でのデータの取引の増加は、そうしたリスクを現在よりもさらに大きくするものである。データを上手く利活用しつつ、持続的な事業の成功を収めるためには、組織を跨るデータの流通や利活用に潜むリスクを適切に把握し、管理する取組みが欠かせない。以下では、利活用される価値あるデータ、またはそれを取り扱うシステムに係るリスクを整理し、それらをいかに管理するかを述べる。

4-3-1　組織を跨るデータの利活用におけるリスク

　4-1でも述べたように、従来からサプライチェーン（製品またはサービスの取引）には、通常想定されるようなサプライチェーン下流への製品またはサービスの提供のフローと、サプライチェーン上流への製品またはサービスの提供に必要な仕様・要求事項のフローが存在してきた。後者において製品またはサービスの提供に必要なものとして取引先等に渡される情報には、し

121　神谷浩史「Society 5.0とは」（http://www.hitachiconsulting.co.jp/column/society/01/index.html）2018年。

ばしば製品またはサービスの提供を受ける側の組織の機密情報が含まれる場合がある。そうした情報の代表例が、第2章で述べたCUI（Controlled Unclassified Information）であり、米国政府機関が政府機関外に存在するCUIを保護するために、取引先等に課している具体的なセキュリティ対策基準がSP 800-171である。

　上記に加えて、今後増加が見込まれているのが、データ自体の利用や加工、提供等を主目的とする取引（データ取引）である。第2章で紹介したデータ取引市場や情報銀行等は、このような取引を促進するための社会的な仕組みと言える。

　取引する対象が異なるとはいえ、製品またはサービスの取引とデータ取引には同様のリスクが存在する。それは自組織のガバナンスが十分に届かない取引先等の他組織で、保護すべきデータがセキュリティその他の被害（例：漏えい、改ざん、コンプライアンス違反）に遭うというリスクである。組織を跨って取引されるデータに対するリスクとしては、例えば下記のようなものが想定される。

① 関係する他組織が管理している領域から自組織の保護すべきデータが漏えいする
② 関係する他組織が管理している領域で自組織の保護すべきデータが改ざんされる
③ サイバー空間におけるデータ保護を規定する法規則等への違反が発生する
④ 一部の関係者だけで共有する秘匿性の高いデータのセキュリティ要求が設定・対応されていない

　③と④はデータ保護に係るコンプライアンスにおけるリスクである。第2章で紹介した欧州GDPRや米国の連邦取引委員会法（FTC法）、日本の個人情報保護法、各種業法等、事業者によるデータの取扱いを規律する制度に関して、違反による社会的な信頼の低下、課徴金の請求等のリスクが顕在化している。

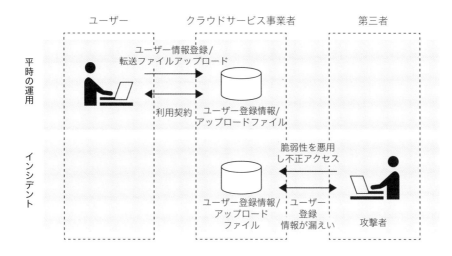

　一方、①と②は、取引先等の他組織が絡んだセキュリティ侵害のリスクを示している。前述したSP 800-171がまさにフォーカスしている領域でもある。攻撃者は、堅固な守りを敷いている事業者よりも、彼らと取引をしている、より守りが脆弱な事業者を狙う方が簡単に目的を達成できる。しかし、事業者側からすれば、重要なデータが漏えいしたという事実は同じである。これが、サプライチェーンに係るサイバー攻撃が重要な脅威だといわれる所以である。

　ユーザーから重要なデータを受領し、サービスを提供する代表的な事業者がクラウドサービス事業者である。多数のユーザーから価値の高いデータを預かる彼らは、攻撃者から見れば非常に魅力的なターゲットでもある。クラウドサービス事業者を狙った最近の攻撃のうち、特に自組織のガバナンスが届かない取引先（クラウドサービス事業者）の対策状況を確認することの重要性を投げかけているのが図表4-28に示した事案である。

　2019年1月22日、某クラウドサービス事業者による大容量ファイル転送サービスにおいて、脆弱性を抱えた一部サーバに対する不正アクセスが発生した。ユーザーがアップロードしたファイルに対する被害は確認されていないものの、結果として、481万5399件のユーザー登録情報が漏えいし、当該

サービスは当面休止することとなった。また、同サービスでは、登録された
ログインパスワードを暗号化して管理するという非常に基本的なセキュリテ
ィ対策がなされておらず、被害に遭ったユーザーがパスワード等の使い回し
をしていた場合、漏えいした登録情報を悪用した不正アクセスがなされた可
能性がある。本事案は、ICTサプライチェーンにおいて自組織の保護すべき
データを取引先等に渡す前に、取引先等におけるセキュリティ対策状況を確
認し、調達可否の判断に組み込むことの重要性をよく示している。

組織を跨るデータの利活用におけるリスクとして、上記では漏えいや改ざ
ん等の保護すべきデータ自体に対する被害を述べたが、他方で、下記に示す
ように、データを取り扱うシステムの信頼性に対する悪影響も想定されるだ
ろう。

⑤　（なりすまし等をした）人や機器等から不適切なデータを受信する
⑥　関係する他組織における自組織のデータを取り扱うシステムが停止す
　　る
⑦　データ加工・分析システムが誤動作することで、適切でない分析結果
　　が出力される

⑤、⑥、⑦はいずれも、データの流通や利活用を支えるシステム及びその
構成要素の動作に影響を及ぼし得るものである。また、そうしたシステム
は、様々な組織が提供するサービスとの相互依存により成り立っていること
を理解すべきである。図表4-29に示したのは、⑥に関連して、米国Dyn社
が2016年10月21日に大規模なDDoS（分散型サービス拒否）攻撃を受け、
同社がサービス提供するDNS（Domain Name Service）サーバが利用でき
なくなった際に、Dyn社の事案から連鎖してサービスが停止する等の影響を
受けた事業者のリストである。多数の著名サービスを含む、これらのサービ
スも計6時間ほど停止するという波及的な影響が生じている。

システム及びその構成要素の信頼性という観点では、上記のようにサービ

図表4-29　米国Dyn社への大規模DDoS攻撃により影響を受けたサービス[122]

- Airbnb
- Amazon.com
- Ancestry.com
- *The A.V. Club*
- BBC
- *The Boston Globe*
- Box
- *Business Insider*
- CNN
- Comcast
- CrunchBase
- DirecTV
- *The Elder Scrolls Online*
- Electronic Arts
- Etsy
- FiveThirtyEight
- Fox News
- GitHub
- *The Guardian*
- Grubhub
- HBO
- Heroku
- HostGator

- iHeartRadio
- Imgur
- Indiegogo
- Mashable
- National Hockey League
- Netflix
- *The New York Times*
- Overstock.com
- PayPal
- Pinterest
- Pixlr
- PlayStation Network
- Qualtrics
- Quora
- Reddit
- Roblox
- Ruby Lane
- *RuneScape*
- SaneBox
- Seamless
- *Second Life*
- Shopify
- Slack

- SoundCloud
- Squarespace
- Spotify
- Starbucks
- Storify
- Swedish Civil Contingencies Agency
- Swedish Government
- Tumblr
- Twilio
- Twitter
- Verizon Communications
- Visa
- Vox Media
- Walgreens
- *The Wall Street Journal*
- Wikia
- *Wired*
- Wix.com
- WWE Network
- Xbox Live
- Yammer
- Yelp
- Zillow

スが停止することも問題だが、それらが誤った動作をすることも問題である。サイバー空間とフィジカル空間が融合するSociety 5.0のような社会では、その影響は甚大な被害につながり得る。システム及びその構成要素には様々な対象が想定されるが、以下では、特に、今後、データ加工・分析システムとして活用が拡大することが予想されるAI（特に統計的機械学習）について、以下でセキュリティの観点からどのようなリスクがあるのかを述べる。

　図表4-30には、統計的機械学習システムにおける主体と大まかな処理の流れを示している。処理の流れは下記の通りである。

（1）訓練データ提供者は、訓練データの元になるデータを収集した後、データに必要な加工を施した上で訓練実行者に提供する。

122　2016 Dyn cyberattackに関するWikipedia（https://en.wikipedia.org/wiki/2016_Dyn_cyberattack）及び、関連報道を参考に筆者作成。

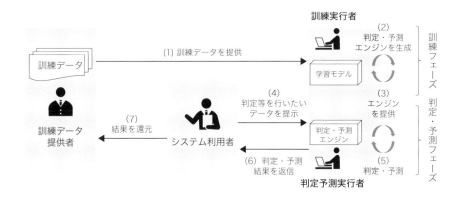

(2) 訓練実行者は、訓練データを学習モデルに適用し判定・予測エンジンを生成する。

(3) 訓練実行者は、生成した判定・予測エンジンを判定予測実行者に提供する。

(4) システム利用者は、判定・予測を行いたいデータを判定予測実行者に提示する。

(5) 判定予測実行者は、上記（4）でシステム利用者から受け取ったデータを判定・予測エンジンに適用し、判定・予測を行う。

(6) 判定予測実行者は、上記（5）での判定・予測結果をシステム利用者に返信する。

(7) システム利用者は、上記（6）での判定・予測結果等を訓練データ提供者に還元する場合がある。

統計的機械学習システムと言っても、通常のITシステムと同様、ソフトウェアの脆弱性の悪用や、正規ユーザーへのなりすましによる端末やサーバ等への不正アクセス、サーバへの大量のサービス要求による可用性低下、中

123　統計的機械学習システムにおけるセキュリティの側面に関する記述は、全体として、宇根正志「機械学習システムのセキュリティに関する研究動向と課題」（『金融研究』2019/01）2019年 によっている。

間者攻撃[124]による通信路上での通信データの盗取、改変・偽造等が攻撃として想定される。

一方、統計的機械学習システム特有のリスクとしては、訓練データ提供者が不正な訓練データを訓練実行者に送信してしまった結果、不正な判定・予測エンジンが生成されるというものがある。訓練データを偏ったものとする方法としては、訓練データ提供者や訓練実行者のシステムに不正に侵入し、データを変更する方法に加え、極端な意見の学習用データを正規の手順で最初から与え続けるという方法も考えられる。後者の一例として米マイクロソフトのチャットボット「Tay」は、このような攻撃によってナチスを賛美するような回答をするようになったといわれている。適切な学習データをどのように与えるかは、今後も大きな課題になっていくだろう。

4-3-2 データに対する制度的な保護

前述したリスクからデータやシステムを保護する手段としては、アクセス制御やデータ暗号化のような技術的対策や、セキュリティ教育のような人的対策等に加え、法制度による保護を検討することができる。以下では、制度という観点から、データを保護する際の枠組みと注意点について述べていく。

データを自組織の価値ある資産と認識する事業者が増加している。しかし、それは、一般的な資産（例：自動車、住宅）とは異なり、データに対して事業者等が所有権を主張できるということを意味しない。データは姿形のない無体物であり、民法上、所有権や占有権、用益物権、担保物権の対象とはならないため、所有権や占有権の概念に基づいてデータに係る権利の有無を定めることはできないからである。

データに対する所有権を想起させる言葉として、「データ・オーナーシップ」という表現がしばしば用いられるが、「データが知的財産権等により直接保護されるような場合は別として、一般には、データに適法にアクセス

124　中間者攻撃とは、暗号通信を盗聴したり介入したりする手法の一つ。通信を行う二者の間に割り込んで、両者が交換する公開情報を自分のものとすりかえることにより、気づかれることなく盗聴したり、通信内容に介入したりする手法（http://e-words.jp/w/%E4%B8%AD%E9%96%93%E8%80%85%E6%94%BB%E6%92%83.html）。

図表4-31　データ保護に関する知的財産等の概要[125]

権利の種別	権利の性格	データ保護についての利用の可否
著作権	思想または感情を創作的に表現したものであって、文芸、学術または音楽の範囲に属するものであることが必要。	機械的に創出されるデータに創作性が認められる場合は限定的。
特許権	自然法則を利用した技術的思想の創作のうち高度のもので、産業上利用ができるものについて、特許権の設定登録がされることで発生する。新規性及び進歩性が認められないものについては特許査定を受けることができない。	データの加工・分析方法は別として、データ自体が自然法則を利用した技術的思想の創作のうち高度のものであると認められる場合は限定的。
営業秘密	①秘密管理性、②有用性、③非公知性の要件を満たすものを営業秘密といい、不正の手段により営業秘密を取得する行為等の法定の類型の行為（不正競争）がなされた場合に、差止請求及び損害賠償請求または刑事罰が認められる。	左記①から③の要件を満たす場合には、法的保護が認められる。
限定提供データ	①限定提供性、②相当蓄積性、③電磁的管理性の要件を満たし、秘密として管理されている情報を除いたものを限定提供データといい、不正の手段により限定提供データを取得する行為等の法定の類型の行為（不正競争）がなされた場合に、差止請求及び損害賠償請求が認められる。	左記①から③の要件を満たし、営業秘密には該当しない場合には、法的保護が認められる。

し、その利用をコントロールできる事実上の地位、または契約によってデータの利用権限を取り決めた場合にはそのような債権的な地位[126]」を指して用いられることが多い。

　上記を前提として、データ自体を法的に保護しようとする場合、所有権や占有権に基づかないデータ保護に関する知的財産権等には、**図表4-31**で示すように、著作権、特許権、営業秘密、限定提供データがある。一方、知的財産権等によるデータ保護は限定的であるため、データの保護は原則として利害関係者間の契約を通じて図られることが一般的となる。

　著作権による保護対象は、「思想または感情を創作的に表現したもの」で

125　経済産業省「AI・データの利用に関する契約ガイドライン —データ編—」2018年 に基づき筆者で加筆等を実施。
126　経済産業省「AI・データの利用に関する契約ガイドライン —データ編—」2018年。

ある必要がある。近年では、データベース著作物[127]やプログラム著作物[128]のような小説・絵画等の古典的な著作物とは性格の異なるものも保護対象として認められているものの、センサーやカメラ等の機器により、機械的に創出されるデータや、スマートフォン等のユーザーの使用履歴等の、単なる「事実」としてのデータの集合に創作性を認めるのは困難な場合が多いとされている。同様に、特許権による保護についても、データの加工・分析方法は別として、データ自体が自然法則を利用した技術的思想の創作のうち高度なものであると認められる場合は限定的だと考えられる。

上記に対して、事業者にとっての価値ある情報を法的に保護するために、広く活用されている[129]のは不正競争防止法において規定されている営業秘密である。図表4-31にも示した通り、営業秘密として認められるためには、以下3つの要件を満たす必要がある。

① 秘密として管理されていること（秘密管理性）
② 生産方法、販売方法その他の事業活動に有用な技術上または営業上の情報であること（有用性）
③ 公然と知られていないこと（非公知性）

①秘密管理性と③非公知性を満たす情報の場合、②有用性が認められることが通常とされている[130]。そのため、営業秘密として保護したい情報が、客観的に秘密として管理されていると認められる状態にあり、かつ、当該情報が一般的に知られていないか、または容易に知ることができない状態となっているかが、営業秘密としての法的な保護を得るにあたっての実質的な要件となる。営業秘密として管理された情報に関しては、外部者による窃取、詐

---

127 著作権法12条の2 第1項において、「データベースで、その情報の選択又は体系的な構成によって創作性を有するもの」と規定されている。
128 「電子計算機を機能させて一の結果を得ることができるようにこれに対する指令を組み合わせたものとして表現したもの」（著作権法2条1項10号の2）の内、創作性が認められたもの。
129 経済産業省「平成26年度 産業経済研究委託事業 営業秘密保護制度に関する調査研究報告書（別冊）「営業秘密管理に関するアンケート」調査結果」2014年 によれば、回答企業の全てが、営業秘密（顧客名簿、固有の技術・業務ノウハウ、固有の生産技術等の、厳に秘匿している業務価値の高い情報）を保有していると回答している。
130 経済産業省「営業秘密管理指針」2019年。

欺、脅迫等の不正な手段による取得、使用、開示（不正取得類型）や、正当に営業秘密を取得した者による保有者に損害を与える目的での当該情報の使用、開示（信義則違反類型）等が不正競争行為とされ、差止請求、損害賠償請求、信用回復措置請求を行うことが可能となる。

　ところで、今後拡大が予想される組織を跨りデータが流通する状況を想定した際に問題となるのが、複数の事業者で共有されているデータが、営業秘密としての保護を受けることができるのかという点である。結論を言えば、データ保有者の内部で厳格に管理され、秘密保持契約（NDA）を課した者に限定して開示される場合のように、秘密として管理される非公知なデータは「営業秘密」と解釈されるが、商品として広く会員にデータが提供される場合や、秘密保持義務のないゆるやかな規約に基づきコンソーシアム内でデータが共有される場合等は、非公知性や秘密管理性が失われるため、営業秘密としての保護が得られない[131]。

　以上の状況は、データを提供した先で当該データが不正に利用されていたとしても、法的責任を問えない可能性があるという点で、事業の一部として他の事業者等にデータを提供することで収益を得たり、業界内で有用なデータを共有したりする事業者にとっては、憂うべきものである。データ保有者がデータを共有することを憂慮し、データの流通や利活用が阻害される可能性もある。そういった問題意識に基づいて、2018年に改正された不正競争防止法で新たに設けられた保護カテゴリーが、「限定提供データ」である。

　ある情報が限定提供データと認められるためには、以下4つの要件を満たす必要がある[132]。

① 当該データが反復継続的に、または反復継続する意思を持って特定の者に提供されること（限定提供性）
② 電磁的方法により蓄積されることによって価値を有すること（相当蓄積性）

131　産業構造審議会 知的財産分科会 不正競争防止小委員会「データ利活用促進に向けた検討 中間報告」2018年。
132　経済産業省「限定提供データに関する指針」2019年。

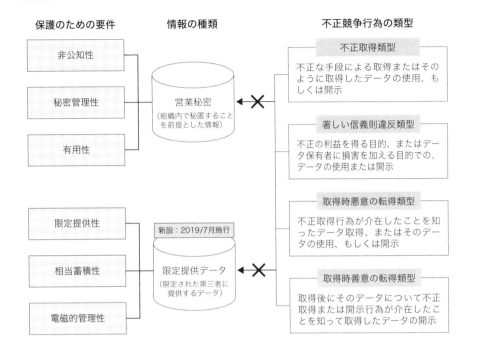

③　当該データに対するアクセス制御等を実施することで、特定の者に対してのみ提供するものとして管理する意思が、外部に対して明確化されること（電磁的管理性）

④　技術上または営業上の情報（秘密として管理されているものを除く）であること

　また、上記に加え、秘密として管理されているものを除くという要件があり、営業秘密として認められるものは、限定提供データには該当しないということが明確化されている。

　限定提供データに関しても、**図表4-32**に示すように、不正取得類型や信

義則違反類型等が不正競争行為とされ、差止請求や損害賠償請求という民事的措置を行うことが可能だが、営業秘密の場合とは異なり、事業者の萎縮を防ぐため、刑事的措置の対象とはなっていない。

　以上のように、著作権や特許権、営業秘密のような従来から制度が運用されてきた知的財産等に関する枠組みに加え、組織を跨いだデータの流通が拡大することも見据え、新たな保護のカテゴリーが設けられる等、社会動向の変化に対する対応が進められている。

　法制度の整備が進みつつあるとはいえ、データが法的な保護を受けられる範囲は限定的とされており、データの保護は原則として関係者間の契約を通じて図られることになる。

　契約関係にある事業者間で指定されたデータの保護を図る場合に、現在に至るまで広く利用されているのが、秘密保持契約（NDA）の締結である。秘密保持契約の中では、①保護すべき秘密情報に該当する情報、②提供される秘密情報の安全管理、③秘密情報の目的外利用の禁止、④契約違反時の措置、⑤有効期限等が規定される[134]。こうした秘密保持契約は、「データ・オーナーシップ」が明確であり、当事者間の責任関係が整理されているケースにおいては有効だと考えられる。また、昨今では、米国防衛調達におけるNIST SP 800-171の準拠義務化に代表されるように、情報管理体制やインシデント発生時の対応、秘密情報を扱うシステムの技術要件等、より具体的な保護要件を取引先等に課すことで、秘密情報の保護により実効性を持たせる取組みも見られる。

　一方で、複数の事業者がデータの創出に関与するケースでは、「データ・オーナーシップ」が不明確であり、当事者間の責任関係を契約中で整理する必要があることが想定される。

　図表4-33には、工作機械メーカー A が、ユーザーの工場に納入した工作機械にセンサーを設置し、センサーから取得した工作機械の稼動データを分析して、ユーザーに工作機械の利用に関するアドバイスや保守等のアフター

134　経済産業省「秘密情報の保護ハンドブック〜企業価値向上に向けて〜」2016年において、「業務提携の検討における秘密保持契約書の例」が公開されており、Web上で参照が可能である。

図表4-33　複数の事業者がデータの創出に関わる事例[135]

サービスを行いつつ、稼動データを統計化した情報を第三者に販売するという事例を示している。ここで、データの創出には工作機械のユーザー B1、B2……と、工作機械のメーカー A が関与している。果たして、工作機械の稼動データや稼動データの分析結果は誰に帰属するだろうか。

　2018年6月に経済産業省から公表されている「AI・データの利用に関する契約ガイドライン ―データ編―」では、こうしたデータ取引の類型を、(1)データ提供型、(2)データ創出型、(3)プラットフォーム型の3種類に整理し、取引に関わるデータの保護も含めて、契約にて考慮すべきポイントについて網羅的に検討している。本書では、同ガイドラインについて詳細を述べることはしないが、事業者は、特に複数で事業者と連携してデータを利活用するような事業を検討している場合、データの保護も含め、ガイドラインの適切な類型における記載事項を参照しておくことが望ましいだろう。

　以上で述べたように、データに対する法的な保護のスコープが、近年拡大しつつも必ずしも網羅的とはいえない中で、当事者間の合意により保護対象のデータやその管理方法、権利帰属、セキュリティインシデント発生時の対応や責任分担等を柔軟かつ具体的に規定できる契約は、データに制度的な保護を与える上で中心的な役割を担うことになると考えられる。しかし、契約による保護にも、契約の当事者でない第三者を拘束することが基本的にできないという性質があり、第三者に対して不正利用の差止請求や損害賠償請求を実施する場合は不正競争防止法や著作権法によることが考えられる。各制

135　経済産業省「AI・データの利用に関する契約ガイドライン ―データ編―」2018年。

図表4-34 自組織を基点としたデータ流通と取るべき対策[136]

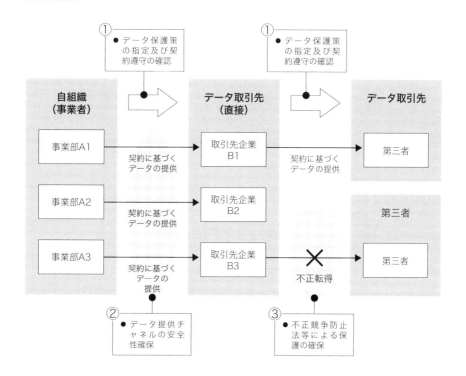

度の特性や保護対象とするデータの性質等を踏まえつつ、実際の保護を検討することが望まれる。

4-3-3　組織を跨るデータの利活用における有効な対策
組織を跨るデータの利活用における有効な対策の全体像と考え方

　組織を跨いだデータの流通・利活用におけるリスクを適切に低減し、信頼に足るデータの流通を促進するため、制度的な保護の対応を含めて取るべきと考えられる対応を図表4-34に示した。従来から実施されている営業秘密の管理等、組織内に閉じたデータの管理を一旦スコープから除き、相対での契約によるデータの流通を前提とすれば、データが組織を跨って流通するこ

136　IPA「安全なデータ利活用に向けた準備状況及び課題認識に関する調査 調査実施報告書」2019年を参考に筆者作成。

とで必要となる対応として、以下の3点を挙げることができる。

1. 契約等を通じたデータ保護策の指定及び契約遵守の確認
2. データ提供チャネルの安全性確保
3. 不正競争防止法等による保護の確保

1について、組織を跨ってデータが流通・利活用される中で、保護すべきデータに対して適切な水準の安全を確保するためには、自組織内で必要な水準の対策を取るのみならず、自組織のガバナンスが必ずしも届かない取引先等が、必要な対策を行っていることを保証すること（アシュアランス）が重要になる。その際、データ提供元（**図表4-34**では「自組織（事業者）」）は、契約を通じてデータ取引先に対して必要な水準のデータ保護策を要請することが一般的であり、契約内容の遵守状況を必要に応じて確認することにより、データ取引先を含めた全体でセキュリティマネジメントを確立することが可能である。

2について、電子メールや物理媒体（例：CD、DVD）等の利用という従来型のデータ提供・共有方法と比較して、クラウドサービスの利用やAPI等によるデータ提供・共有の増加が今後見込まれる中、1で述べるような現にデータが取引先へと渡った後の管理だけではなく、データ提供・共有先の認証・認可や通信経路の暗号化等のデータが提供されるチャネルにおける安全性確保の問題もより重要なものとなっている。

3について、前述したように、データ取引の当事者間による契約では、当事者でない第三者を拘束することが基本的にできないという性質がある。契約当事者外の第三者におけるデータの不正転得や不正利用を統制するためには、第三者に対する不正利用の差止請求や損害賠償請求を規定する不正競争防止法や著作権法によることが考えられる。保護対象のデータが組織を跨るという状況を前提とした場合は、特に、不正競争防止法に新設された「限定提供データ」の適用を考慮する必要がある。

以下では、1、2、3のそれぞれについて推奨される対策のポイントを述べていく。

契約等を通じたデータ保護策の指定及び契約遵守の確認における対応のポイント

　複数事業者間でデータが流通し、利活用される場合、データを制度的に保護する手段として契約を用いるのが一般的である。従来は、データの提供元と提供先で秘密保持契約（NDA）を締結し、秘密保持義務や目的外利用の禁止、違反時の対処等を規定するのが一般的であったが、近年、具体的なセキュリティ対策の実施を求めるケースが増加している。米国防衛産業におけるSP 800-171の準拠義務化、全米自動車産業協会（AIAG）によるサプライヤー向けセキュリティ対策基準の策定等がその代表例である。また、委託先の決定等に情報セキュリティマネジメント認証（ISMS認証）の取得有無を確認するケースもあるだろう。一般的な流れとして、データを提供する事業者は、以下（1）〜（3）を実施することを通じて、取引先等も含めたデータ保護を確かなものとすることが求められる。

（1）保護を必要とするデータ及び保護水準の決定
（2）契約を通じた取引先等に対する保護水準に基づく対策の要求
（3）取引先等における契約内容遵守の確認

　なお、データの創出に複数の事業者が関係している等の理由で、データの帰属が明確になっていない場合、（1）を実施する前に当該データとその派生データの利用権限（データ・オーナーシップ）について取り決めておく必要がある。

　事業者は、契約等を通じたデータ保護策の指定及び契約遵守の確認を効果的かつ効率的に行うため、（1）〜（3）を、適用先の取引先だけではなく、社内の調達部門やシステム部門（セキュリティ担当を含む）、法務部門、事業部門で連携をとった手順に沿って実行することが望ましい。

（1）保護を必要とするデータ及び保護水準の決定
　そもそもデータを提供する取引先等に対して、契約を通じて何らかの保護

図表4-35 データの機密性に基づくデータの分類例[137]

分類（例）	評価基準	該当するデータの例
秘	法律で安全管理（漏えい、滅失または毀損防止）が義務付けられている	●個人情報（個人情報保護法で定義） ●特定個人情報（マイナンバーを含む情報）
秘	守秘義務の対象や限定提供データとして指定されている 漏えいすると取引先や顧客に大きな影響がある	●取引先から秘密として提供された情報 ●取引先の製品・サービスに関わる非公開情報
秘	自社の営業秘密として管理すべき（不正競争防止法による保護を受けるため） 漏えいすると自社に深刻な影響がある	●自社の独自技術・ノウハウ ●取引先リスト ●特許出願前の発明情報
社外秘	漏えいすると事業に大きな影響がある	●見積書、仕入価格など顧客（取引先）との商取引に関する情報
公開情報	開示しても事業にほとんど影響はない	●自社製品カタログ ●ホームページ掲載情報

策を要請するといっても、保護対象となる提供データの詳細が明確に定められていないと、データ受領者が負う秘密保持義務の範囲や、より慎重な提供データの管理を求められる範囲が不明確となってしまう。提供データの詳細としては、例えば、データの対象（提供データの概要）、データの項目、量、粒度、更新頻度等を定めておくことが推奨される。

　また、提供するデータには適切な保護が必要な旨を示す組織の中で統一された分類（例：社外秘、秘）とそれに応じた保護策を割り当てる必要がある。基本的に契約を通じた提供先での保護が要請されるのは、**図表4-35**における社外秘以上の機密性のデータと考えられる。そうした分類には事業者による業務上の要求、及び法的要求事項が考慮されていることが望ましい。**図表4-35**には、主にデータの機密性に基づく分類例を示している。

　データ提供元は、提供データの詳細に加え、データの管理分類、必要な場合、データの制度的なカテゴリー（例：個人情報、限定提供データ、CUI）を提供先に伝える必要がある。

137　IPA「中小企業の情報セキュリティ対策ガイドライン 第3版」2019年を参考に筆者作成。

図表4-36 委託契約に含める項目の例[138]

項目	内容
秘密保持	委託する業務で扱う秘密情報の扱いを規定する。
具体的なセキュリティ対策の実施	委託する業務で実施すべき具体的なセキュリティ対策を示す。契約に付随する他の文書で詳細化する形や基準、ガイドライン及び規格等への準拠を求める形もある。
証跡の提示、監査協力等	セキュリティ対策の実施状況の確認方法やそのタイミングについて規定することで、委託先の協力を得ることができる。
セキュリティに関する契約内容に違反した場合の措置	損害賠償等についてその要件を規定する。
セキュリティに関する委託元と委託先の責任範囲	業務において、インシデントや事故によって損害が発生した場合の委託元と委託先の責任範囲を規定する（免責事項の明記、損害賠償額の契約金額等での上限の設定等）。
インシデントが発生した場合の対応	インシデントが発生した際の報告先、報告内容、初動、調査、復旧等の各対応の実施主体、実施方法について規定する。
セキュリティに関するSLA（Service Level Agreement）	クラウドサービス等においては、委託元と委託先間でのサービス内容・範囲・品質等を保証するSLAに基づくサービス提供が一般的であり、情報セキュリティに関する項目もSLAに含まれている。
新たな脅威（脆弱性等）が発生した場合の情報共有・対応	契約時点で想定していない新たな脅威等が顕在化した際に、委託元と委託先の間の情報共有、対応方針決定のスキームについて規定する。
再委託の禁止または制限	再委託の禁止、制限について定める。再委託を認める場合には再委託の実施に必要な手続（事前報告/承認等）、委託先から再委託先に示す情報セキュリティ要求事項及びその確認方法等について規定する。
契約終了後の情報資産の扱い（返却、消去、廃棄）	契約終了後の情報資産の扱い、及びその確認方法について規定する。
その他（合意管轄条項等）	裁判による紛争解決を行う場合の管轄裁判所・準拠法を明記する。特に、業務を海外で実施する場合は、裁判所の所在地（国・州）により、準拠する法律が異なるため、重要な点となる。

(2) 契約を通じた取引先等に対する保護水準に基づく対策の要求

（1）で明確化した委託先等に提供するデータの性質を踏まえ、委託先とのセキュリティ上の責任範囲を明確化するために、契約書またはそれに紐づく

138　IPA「ITサプライチェーンの業務委託におけるセキュリティインシデント及びマネジメントに関する調査報告書」2018年を参考に筆者作成。

文書（仕様、重要事項説明書、要件定義書、基本設計書、運用手順等）においてセキュリティに関する要求事項を明確化する。委託契約に含める項目の例は**図表4-36**に示す通りである。

特に具体的なセキュリティ対策の実施及び、証跡の提示、監査協力等において、近年、国単位、業界単位でのルール形成が進んでいる（第2章を参照）。課され得るルールが複雑に入り組んだものとなっていく中で、事業者にとって、自身が取り扱うデータに対してどのようなルールが適用されるのかを確実に把握し、自組織内及びデータ提供先に課す要求事項を規定することが、データを保護することだけでなく、ステークホルダー（例：個人や企業を含むデータ提供元、監督機関）に対する説明責任を果たす上でも重要になっている。

一方で、4-1でも述べたように、事業者の実態としては、比較的多くが秘密保持契約を締結するに留まり、セキュリティという観点から、具体的な要求をしていないことが類推される。また、証跡の提示、監査協力等の実施割合が27.3%であることから、仮に契約書等でセキュリティ要件の遵守を求めていたとしても十分な確認がなされていない可能性が高いことが窺える。こうした現状がもたらす責任分界の曖昧さが、データ提供者とデータ提供先の双方にとってのリスクをもたらしうることはこれまで述べた通りである。今後、各事業者個々でのセキュリティ対策の強化と、複数事業者間でのアシュアランスの仕組みの成熟の双方が期待される。

(3) 取引先等における契約内容遵守の確認

管理すべきデータの提供先に契約等で保護策を「課す」だけでは不十分である。実際に契約で課した内容の遵守を確認できることを通じて、取引先等も含めたリスクマネジメントがより確実なものとなる。

単に遵守状況を確認するといっても、確認方法や確認のタイミングは様々あると考えられる。提供されるデータの重要度、取引額の大きさ等に応じて、効率的かつ効果的な方法が選択されることが望ましい。

〈確認方法〉
- チェックリストなど（委託先のセルフチェック・内部監査）
- 実地調査（委託元による委託先の監査）
- 外部監査（外部監査法人等による委託先の監査）
- 各種認証・制度（ISMS認証、Pマーク等）の取得証明書
- 誓約書

〈確認のタイミング〉
- （委託先等の）選定時
- 契約時
- 契約期間中
- 契約終了後

　IPAが2017年に実施した調査[139]によれば、委託先の選定時には「チェックリストなど（委託先のセルフチェック・内部監査）」（29.1%）、「各種認証・制度（ISMS、Pマーク等）の取得証明書」（29.5%）による確認が多く、契約時には「誓約書」（46.5%）による確認が多く行われている。実地調査はチェックリストなどと比べて実施率は低いものの、契約期間中（16.8%）などに実施されることもある。委託元（データ提供元）による委託先（データ提供先）の監査や、外部監査は、データ提供元とデータ提供先の双方に一定以上の負荷を課すもののため、他の方法と比較して実施されている割合が低くなっている。契約内容の確認方法や確認のタイミング・頻度の組み合わせにより、アシュアランスの水準は変わってくる。委託する業務の重要度や提供するデータの重要度等に応じた確認方法、確認のタイミング・頻度が選択されることが望まれる。

データ提供チャネルの安全性確保における対応のポイント
　データ提供・共有の方法について、電子メールや物理媒体（例：CD、

139　IPA「ITサプライチェーンの業務委託におけるセキュリティインシデント及びマネジメントに関する調査報告書」2018年。

図表4-37　金融機関におけるAPI公開[140]

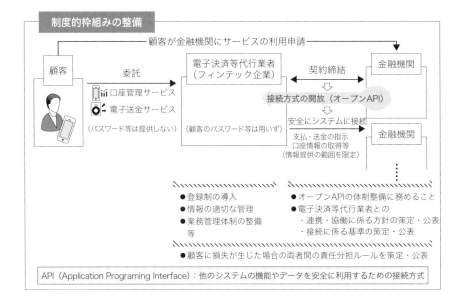

DVD）等の利用と比較して、クラウドサービスやAPIの利用が今後増加することが見込まれる。それぞれのデータ提供・共有方法には、固有のリスクが存在しており、事業者はデータの提供・共有にどの方法を用いるのかによって異なる対応が要求されることとなる。

　今後利用が拡大すると見込まれる方法のうち、以下では、特にAPIを利用したデータ提供・共有における安全性確保のポイントについて述べていく[141]。

　そもそも、APIとはプログラムの機能をその他のプログラムでも利用できるようにするための規約であり、APIを介して特定の機能を利用することができる。自社内のプログラム開発を効率化するために以前から利用されてきたが、近年は自社で開発・運用しているサービスに外部から連携できるよ

140　金融庁「平成28事務年度 金融レポート」2017年。
141　クラウドサービス利用における安全性確保策については既に多数の文書が発行されている。一般財団法人 日本情報経済社会推進機構（JIPDEC）「クラウドサービスに関連する国内外の制度・ガイドラインの紹介」2019年 には、参照対象となり得る主要なガイドライン等が網羅的に紹介されており、対応を検討する際の参考とすることができる。

う、APIを公開する動きがある。特に、金融分野では、適切な利用者保護を実現しつつFinTechサービスの促進を図るため、2017年6月に公布された改正銀行法を通じて、**図表4-37**のような制度的枠組みが整備されている。API公開は自社のサービスを他社のサービスとつなげて新たなビジネスチャンスやオープンイノベーションを促進するものであるから、サプライチェーンの上流・下流をつなげることとの親和性が高く、製造業者や小売業者が利活用する事例も見られる[142]。

APIの公開によるプラスの効果が期待される一方で、APIに利用に伴い生じ得るリスクも懸念されている。具体的には、正規の連携先になりすまし悪意のある第三者にAPI利用のための認証を破られ機能を不正利用されるリスクや、正規の連携先にAPIを不正利用されるリスク等が想定される。

上記のように先行的にAPI公開を進めている金融業界では、APIへのアクセスを管理するシステムについて確認する項目及び必要な対策を、下記のように整理しており、他業界でも参考にすることができる[143]。[ ]内の記載は、当該対策の実施者がAPI接続先か、API提供元のいずれであるかを示している。なお、以下に記載するものは、データ提供チャネルにおける不正事案を防ぐための保護策であり、データの提供を行う前や提供を行った後は、「契約を通じたデータ保護策の指定及び契約遵守の確認における対応のポイント」に記載した保護策等を別途実施する必要がある。

- 認証認可に関する機密情報の漏えい対策を実施する。[API接続先]
  〈トークン[144]の適切な管理〉
  1. 利用するAPIのセキュリティリスクに応じた適切なトークンの管理を実施する（例：1時間等、一定以上の有効期限を持ったトークンは暗号化保存する）。
  〈暗号化対象の取決め〉

142　総務省「平成30年度版 情報通信白書」2019年。
143　金融機関におけるオープンAPIに関する有識者検討会 金融機関におけるAPI接続チェックリストに関するワーキンググループ「金融機関とAPI接続先のためのAPI接続チェックリスト 解説書〈2018年10月版〉」2018年。
144　トークンとは、API接続において、API提供元がAPI接続先に対して発行する文字列。認証済情報や利用元の限定、API実行種類の制限（許可）等に利用する。

1. 暗号化する対象を取り決めている（例：OAuth 2.0 で使用する認可コード、アクセストークン、リフレッシュトークン）。
- APIの想定外利用を回避する。［API接続先］
〈APIの想定外利用の回避〉
  1. 利用するAPIの範囲や、取得するトークンにより実現できる機能を理解する。
  2. API の想定外利用を回避するための原則を把握し、対策を実施する。
  3. 外部団体（業界ISAC、JPCERT、警察庁等）から発行されるセキュリティリファレンス等に則った認可機能・API リクエスト機能の開発を行う。
- 利用者が認識していないところで、アカウントがAPI 接続に使用されないようにする。［API接続先］
〈本人確認の実施〉
  1. API 接続先に対するアクセス権限の付与を利用者の申請に基づいて行い、その際、利用者の本人確認を行う。
- 利用者の利便性と、リスクに見合った認証強度とする。［API提供元］
〈アクセス範囲に応じた認証の実施〉
  1. 利用者の認証は、利用者の属性や付与するアクセス権限の内容とそのリスクに応じた強度とする。
  2. API接続先に対する認証方式の選択にあたっては、（金融分野の場合）インターネットバンキングの認証方式の水準を一つの目安として、実施する。
〈アクセス範囲の限定〉
  1. API 接続先に付与するアクセス権限を、API接続先が提供するサービスに必要な範囲に限定する。
- 脆弱性への攻撃に対する多層防御を図る。［API提供元］
〈多層防御の実施〉
  1. 認証機構以外にも全体システム機構として、予期していない脆弱性

への攻撃に対する多層防御[145]を実装する。

〈既知の脆弱性への対応〉

1. 外部団体（金融ISAC、JPCERT、警察庁等）から発行されるセキュリティリファレンス等に則った認可機能・APIの開発を行う。

- 認証の悪用リスクを可能な限り低減する。［API提供元］

〈トークンの適切な管理〉

1. API接続先に発行するトークンには、適切な有効期限を設定する。
   例①：1回限りとする。
   例②：1ヶ月から数ヶ月で失効する。
2. アクセス権限に応じたトークンの偽造・盗用対策を行う
3. 不正アクセス検知後、速やかにアクセス権限の制限、停止、取消が可能な仕組みとする。

〈暗号化対象の取決め〉

1. 暗号化する対象を取り決める（例：OAuth 2.0で使用する認可コード、アクセストークン、リフレッシュトークン）。

- API接続先を含めた全体の認証強度をもって、利用者保護を図る。［API提供元］

〈認証強度の確認・確保〉

1. API接続先が提供するサービスの利用者からAPI経由でAPI提供元に対して行われる個々の取引指図について、API接続先で実施している認証強度がAPI提供元の認証強度に劣っていないかを確認する。
2. API提供元で行う認証強度に対して、API接続先で行う認証強度が劣ることが想定される場合、その方が利用者の利便性のために適切だと考えられる取引は、他の仕組みによって利用者保護を図る。

145　多層防御とは一般的に侵入前対策（入口対策）と、侵入後対策（出口対策）と内部対策を組み合わせて対策を行うものである。
　a. 侵入前対策（入口対策）：ウイルスやマルウェア等がネットワークに侵入する脅威を防ぐ。
　b. 侵入後対策（出口対策）：ネットワークの不正通信を検知し、データの外部流出等を防ぐ。
　c. 内部対策：利用端末やサーバに関するデータを監視し、異常発生時に速やかに対処する。

以上の対策は口座情報という非常に機密性の高いデータを扱う金融機関を想定したものである。事業者が実際にセキュリティ要件を検討する際には、APIを介して取り扱うデータの機密性や求められる利便性の水準に応じて対策の水準を調整することが望まれる。

　特に、APIを利用したデータ提供・共有に限らず、〈認証強度の確認・確保〉が十分になされていないために、不正アクセス等の被害を受ける事案が日本でも後を絶たない。本来必要な水準の対応が十分になされていない場合、サイバー攻撃等を通じて取り扱うデータが漏えいしたり、不正利用されたりする可能性があるだけでなく、事案が生じた後に利用者等のステークホルダーに対して十分な説明責任を果たせず、負った傷口をさらに悪化させてしまう可能性もある。

　米国NISTは、SP 800-63の第3版「デジタル・アイデンティティに関するガイドライン」（Digital Identity Guidelines）において、求められる認証の強度に関して一定のガイドラインを提供している。こちらは本来、米国の政府機関が参照すべきとされている文書だが、米国以外の政府機関や民間事業者による参照も可能である。

　SP 800-63では、**図表4-38**に示す「アイデンティティ保証レベル」（IAL）と「認証保証レベル」（AAL）を含む、認証のプロセスにおいて確保すべき3種類の保証レベルが定義されている[146]。

　IALは、サービス等を利用するために必要なIDの発行時に実施されるユーザーの身元確認（identity proofing）の確からしさを規定しているものである。対応のベースラインとなるIAL 1では、「現実世界のIDをデジタルIDと結びつける必要がない」とされている。多くの方に利用経験があるであろう大規模なプラットフォームで一般的に用いられているレベル（例：Google アカウントやYahoo ID）であり、通常のビジネスであれば十分なレベルと考えられる。IAL 1で求められるよりも水準の高い身元確認を実施する場合は、「現実のIDとデジタルIDの紐づけを適切に検証する必要がある」

146　SP 800-63では、本文中で言及しているIALとAALに加え、一度のユーザー認証で複数のサービスの利用を可能にする「フェデレーション」を利用する際に参照が求められる「フェデレーション保証レベル」（FAL）が定義されている。

NIST SP 800-63-3における「アイデンティティ保証レベル」(IAL)と「認証保証レベル」(AAL)の概要

Identity
Assurance Level

IAL 3
● 訓練された担当者による対面での本人確認が必要となる。

IAL 2
● 現実のIDとデジタルIDの紐づけを適切に検証する必要がある。

IAL 1
● 現実世界のIDをデジタルIDと紐づける必要がない。

Anthentication
Assurance Level

AAL 3
● 多要素認証（2要素目はハードウェアベース）が必要になる。

AAL 2
● 多要素認証（2要素目はソフトウェアベースでよい）が必要になる。

AAL 1
● 単一要素による認証方式を利用する。

IAL 2以上の水準を確保することが望ましい。IAL 2以上の水準を確保するためには、一定の強度を有するエビデンスの提示を受けることを通じて、身元確認の確からしさをより確実なものとする必要がある。例えば、ネットバンキングを含めた金融機関の口座開設等において、運転免許証やマイナンバー、保険証のコピー等を窓口で提示したり、アプリを利用してリモートで書類を提示したりした経験が多くの方にあるだろう。IAL 2ではリモート（遠隔）か対面での身元情報確認、IAL 3では特定の資格を有する担当者による対面での身元情報確認が必要とされている。なお、従来からパスワードを忘れてしまった際等において、本人確認の手段として広く利用されてきた「秘密の質問」（KBV: Knowledge-Based Verification）の利用が、一定水準の身元確認の確保において推奨されていない点にも注意する必要がある。

　一方、AALはユーザー認証プロセスの確からしさを規定しているものである。ベースラインとなるAAL 1では、通常のパスワード（記憶シークレット）やワンタイムパスワードを用いた単一要素による認証方式の利用、AAL 2以上では、多要素認証の利用が求められている。SP 800-63は2017年に大規模な改定を経ているが、これまで広く実施されてきたパスワードの定期変更が推奨されていない点や、SMSによる経路外認証が"制限される"

（Restricted）とされた点等、注目すべき見解が複数示されている。

　IALやAALで示される認証の強度は、単に厳しく設定すればよいというものではない。過度に厳しいセキュリティ要件は、サービス等のユーザビリティを低下させる可能性や、（特にIALの設定において）プライバシーに対する懸念にもつながる可能性を孕んでいる。認証の強度に限ったことではないが、セキュリティの強化と、それに伴って生じる手間やリスクを天秤にかけて実際の対応を講じることが重要である。

不正競争防止法等による保護の確保における対応のポイント[147]

　保護対象のデータが組織を跨るという状況を前提とした場合、特に自組織と契約関係にない第三者によるデータの不正取得や不正利用から保護を受けるためには、不正競争防止法における「限定提供データ」の適用が検討の中心となることが予想される。以下では、保護すべきデータが限定提供データに該当するためには何をすべきなのか、限定提供データはどのような不正競争行為から保護を受けられるのかについて述べる。

　限定提供データとは、秘密として管理されていない情報のうち、①限定提供性、②相当蓄積性、③電磁的管理性、④技術上または営業上の情報であることのそれぞれを満たすものである。

　①限定提供性が認められるためには、データが、(i) 業として、(ii) 特定の者に提供するものである必要がある。(i)「業として」に該当するためには、反復継続的に提供している、またはまだ実際には提供していない場合であっても、データ保有者の反復継続して提供する意思が認められるもの（例：データ保有者が翌月からデータ販売を開始する旨をホームページ等で公表している場合）である必要がある。また、(ii)「特定の者」とは、一定の条件の下で特定されている者で、提供先の数の多寡は考慮されない。例えば、会費を払えば誰でもデータの提供を受けられる場合でも、会費を払っている者という限定があれば該当する。

　②相当蓄積性が認められるためには、「電磁的方法」によりデータが「相

147　本項の記載内容は全体として、経済産業省「限定提供データに関する指針」2019年 を参照している。

図表4-38　不正競争行為の類型[148]

類型	概要
不正取得類型	窃取、詐欺、強迫その他の不正の手段により限定提供データを取得する行為、またはそのように取得した限定提供データを使用または開示する行為
著しい信義則違反類型	不正の利益を得る目的で、または限定提供データ保有者に損害を加える目的で、限定提供データを使用または開示する行為
取得時悪意の転得類型	取得時に限定提供データに不正行為が介在していることを知って、当該限定提供データを取得、使用または開示する行為
取得時善意の転得類型	取得時に限定提供データに不正行為が介在していることを知らず、後になって不正行為の介在を知った場合に、当該データを開示する行為

当量」蓄積されている必要があるため、紙媒体でのみ蓄積されているものは該当しない。「相当量」は、個々のデータの性質に応じて判断されることとなるが、当該データから生み出される付加価値、利活用の可能性、取引価格、収集・解析に当たって投じられた労力・時間・費用等が勘案されると考えられている。判例等による具体的な考え方の提示が待たれる。

③電磁的管理性が認められるためには、特定の者に対してのみ提供するものとして管理するという保有者の意思を第三者が認識できるようにされている必要がある。つまり、データ保有者と、当該保有者から提供を受けた者以外がデータにアクセスできないようにアクセスを制限する対策が施されている必要がある。「限定提供データに関する指針」では、(ⅰ) 認証に関する技術及び、(ⅱ) 専用回線の利用がアクセス制限の方法として例示されている。より具体的に言えば、以下のような管理をなされているデータが原則として電磁的管理性を満たすとされている。

- ID・パスワードを用いたユーザー認証が実施されている
- ID・パスワードや指紋認証、顔認証等の複数の認証技術を用いたユーザー認証が実施されている
- データを暗号化した上で、顔認証技術を用いたユーザー認証が実施されている

148　経済産業省「限定提供データに関する指針」2019年を参考に筆者作成。

- VPN（Virtual Private Network）を使用し、ID・パスワードによるユーザー認証が実施されている

④技術上または営業上の情報には、利活用される情報が広く該当する。ただし、違法な情報や、公序良俗に反する有害な情報については、法の目的を踏まえれば、保護の対象には該当しないものと考えられる。

①から④の要件に該当する情報（秘密として管理されているものを除く）は、**図表4-38**の4類型の不正競争に対して差止請求または損害賠償請求を実施することができる。

以上を踏まえた上で、事業者は、限定提供データとしての保護を受けたいデータを特定し、適切なセキュリティ管理策を実装することが肝要だと考えられる。

終 章

つながる世界における
信頼の確保とその効用

本書ではこれまで、既に始まりつつあるIoTやそこから収集されたデータの利活用を通じて、事業者による意思決定や人々の生活の質の向上を可能にするような社会を「つながる世界」と称して、それに関連した政府機関等の動向や、顕在化しつつあるリスクとその対処法について述べてきた。特に、「企業間のつながり」、「フィジカル空間とサイバー空間のつながり」、「サイバー空間におけるつながり」という3つのつながりにおける「信頼性」を確保することが「つながる世界」全体の信頼性を確保するために必要であるという認識の下、サイバーリスク対応という観点から3つのつながりのそれぞれにおいて事業者が認識すべきリスクと対処すべきポイントを重点的に紹介してきた。

そこで本章では、本書のまとめとして、改めて、Ⅰ. つながる世界において信頼を確保するためにすべきこと、Ⅱ. 信頼の確保とビジネスとの関係を述べるとともに、Society 5.0時代におけるサプライチェーンの全体を信頼できるものとする際に重要なポイントを提示する。

Ⅰ　つながる世界において信頼を確保するためにすべきこと

信頼（Trust）とは、「他者の意図や行為に関するポジティブな期待に基づいて、脆弱性を受容する意思を成す心理状態である」。言い換えれば、「不確実性やリスクがありつつも、相手に依拠する」[149]ということである。例えば、取引先候補の事業者が特定の標準に沿った対応を行っているため、安全や環境面等に関する問題は起こらないだろうと予測し、製品の取引を実施することが当てはまる。どの事業者と取引をしたとしても、納品物に不良品や不適合品が含まれるリスクは常に存在するため、取引先への信頼がない場合は全数検査等を実施することとなるが、多くの場合はそのような対応はとらない。「不確実性やリスクがありつつも、相手に依拠する」という点は、信頼を寄せる対象として組織やヒトが主であった時代でも、モノやシステムが信頼を寄せる対象として重要になっている現在でも変わらない。

149　笠木雅史「第10章 機械・ロボットに対する信頼」（小山虎編著『信頼を考える リヴァイアサンから人工知能まで』勁草書房）2018年。

また、信頼性（Trustworthiness）とは、信頼を受ける側が、信頼を得るにあたって確保するべき（信頼する側から期待される）特性を意味している。信頼を受ける側が、自身が十分な信頼性を有している主体であることを信頼する側に認識してもらい、当事者間の信頼関係が確立されるという構図である。

　従来から、ビジネスでは、事業者間で信頼性を証明する主要な手段として、事業者による自己責任に基づいた適切な標準への準拠の自己評価が用いられている。こうした自己評価に基づく信頼性の確保の取組みの例として、欧州のCEマークがある。CEマークは、製品をEU加盟国へ輸出する際に当該製品が欧州で必要とされている基準を満たしていることを示すものであり、通常は事業者自身の適合性評価に基づいている。他方で、安全問題や環境問題への対応等が関連する場合は政府機関や独立した第三者機関があらかじめ決められた標準等への準拠を評価することがある。こうした評価方法を採用している事例として、品質マネジメントシステム（QMS）や環境マネジメントシステム（EMS）等の各種マネジメントシステム認証制度があり、既に多くの事業者に利用されている。合意された共通の尺度に基づいて事業者間で尺度への準拠を容易に確認可能としているこうした枠組みは、事業者間の信頼確保に大きく貢献している。

　一方で、IoTやデータの利活用等の新しい領域では、信頼性に関する合意された共通の尺度（標準）が整備されていない、または、標準が整備されていたとしても当該尺度への適合性を検証することが困難な場合がある等の問題があると考えられる。今後、IoTやデータの利活用の信頼性に関する包括的な標準類や、標準の要求事項に対する適合性の評価手法等を整備することが、十分な信頼性を確保した上での信頼の創出にとって重要な鍵となる。

　また、図表 終-1のように製品やサービスを提供するためのサプライチェーン（または、エコシステム）が複雑化し、本書で中心的に扱ったサイバーリスク対応を含めて遵守すべき事項が多様化することを通じて、ユーザーに提供される製品またはサービス、ひいては製品やサービスの利用によるユーザーの体験における信頼性を担保することがますます難しくなっている。

図表 終-1 サイバー・フィジカル・システムにおけるサプライチェーンの構造[150]

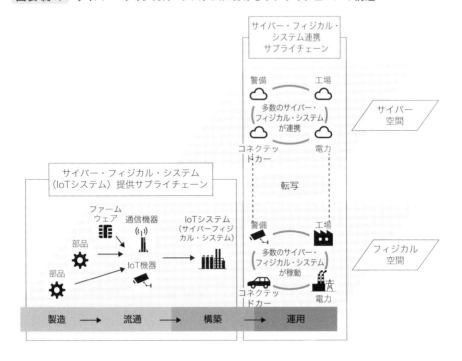

　個々のIoTシステム（サイバー・フィジカル・システム）を構築する「サイバー・フィジカル・システム（IoTシステム）提供サプライチェーン」（**図表 終-1**左側）では、自動車や家電、産業用機械等がネットワークにつながることで、あらゆるモノがIoT機器／システムとなることを考慮しなければならない。自動車や家電、産業用機械等においては従来より注意深く対応されているセーフティ（Safety）やリライアビリティ（Reliability）に加えて、本書4-2で扱ったように、モノのIoT化を通じて新たに問題となるセキュリティやプライバシーといったサイバーリスクに対しても対処していく必要がある。もちろん、サイバー空間でIoT機器／システムを通じて収集したデータを処理するシステムにおいても、従来から要求されているように、サイバーリスク対応を十分なものとしなければならない。

150　後藤厚宏「IoT社会に対応したサイバー・フィジカル・セキュリティ」（第5回 産業サイバーセキュリティ研究会ワーキンググループ1資料）2019年を参考に筆者作成。

図表 終-2　サプライチェーン全体の信頼性確保のための方策例[151]

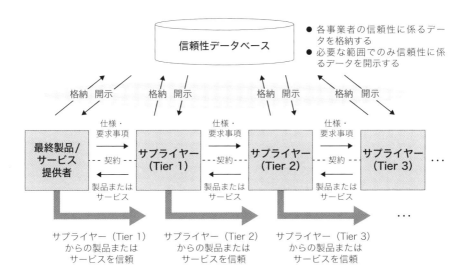

システムの運用段階では、「サイバー・フィジカル・システム連携サプライチェーン」（図表 終-1 右側）で示すような、フィジカル空間とサイバー空間の間の転写や、サイバー空間における組織（例：工場）や業種（例：警備、電力）を跨ったデータの流通が想定される。ここでは、個々のサイバー・フィジカル・システムのメンテナンスを実施することに加え、4-3で扱った自組織のデータを適切に保護するための対策を、連携する事業者と協力しながら実施する必要がある。

　一般に、これらのエコシステムを1社あるいは少数の事業者だけで構成するのは困難であり、必然的に、「顔の見えない」多数の事業者間での協力関係が必要不可欠となる。最終製品/サービスの信頼性を十分に担保することは、最終的に製品/サービスを提供する事業者だけの努力では不可能である。サプライチェーンを管理するプロセスの中に、例えばサイバーリスク対応に関しては、第4章で述べた関係する他の事業者を巻き込んだリスク管理

151　Buchheit, Hirsch & Schrecker「A Short Introduction into Trustworthiness」(Journal of Innovation: September 2018) 2018年、内閣府 政策統括官（科学技術・イノベーション担当）「戦略的イノベーション創造プログラム（SIP）IoT 社会に対応したサイバー・フィジカル・セキュリティ研究開発計画」2019年等を参考に筆者作成。

の仕組みを組み込むことで、全体でのアシュアランスが確立している必要がある。

しかし、委託元の組織または個人（製品やサービスの受益者）が、直接の委託先を越えて、再委託先以降の事業者による標準等への対応状況を把握することは一般的に困難である。そのため、サプライチェーンの上流と下流で適切な信頼を創出・維持するためには、こうした組織の壁を乗り越えて、図表 終-2のような信頼性確保に関わる情報を必要な範囲で共有する仕組みが必要である。

製品やサービスを提供するサプライチェーンにおいて、自身が製品やサービスを直接提供する顧客事業者や最終消費者との信頼関係を確保し、維持するために必要と考えている信頼性に関する要件は、仕様書における要求事項や契約書の条項という形で、顧客からサプライヤーに提示される具体的な義務として上流のサプライヤーへ伝達される。提示される義務には、提供される製品やサービスの品質に関する事項に加え、社会規範の侵害（例：反社会的組織との関わり、違法労働の強制、製品における紛争鉱物の使用）の有無、セキュリティ、セーフティ等のコンプライアンスの遵守にも関連する事項が含まれることが想定される。サプライヤーは、製品に対する検査や組織の管理体制に関する監査等を通じて、提示された信頼性に関する要件を遵守していることを示す。

議論を簡単にするため、図表 終-2にある例は非常に単純な例を示しているが、例えば自動車業界の場合、1台に約3万点の部品があり関連企業は数百社とされている[152]ように、実際のサプライチェーンはより複雑な形態となる。そのため、サプライヤーから提供される製品やサービス、またはサプライヤー自体が十分な信頼に足るかどうかを判断することには多大な労力がかかる。直接契約するサプライヤーだけでなく、その先の再委託先以降も含めてリスクを管理しようとすれば尚更である。契約事項等遵守の証跡として開示される情報には、サプライヤーやその顧客事業者の機密情報が含まれることも予想されるため、図表 終-2における「信頼性データベース」のよう

---

152 「サプライチェーン　車1台生産に数百社関わる」（日本経済新聞電子版）2016年4月19日。

な、事業者によるサプライチェーンのリスク管理にかかる工数を削減しつつ、柔軟かつきめ細やかな管理を実現できる基盤が整備されることが期待される。内閣府により「戦略的イノベーション創造プログラム（SIP）IoT社会に対応したサイバー・フィジカル・セキュリティ」の中で2018年度から研究開発が推進されている「サイバー・フィジカル・セキュリティ対策基盤」は、こうした基盤を実現するための取組みのひとつである。

　一方で、「信頼性データベース」のような技術的な基盤の整備だけでは、サプライチェーン全体での信頼性確保という目的の達成に対して十分とは言えない。製品やサービスにおける信頼性に係るデータを、各事業者が開示しやすくするような制度的な基盤整備[153]を、技術的な基盤整備と並行して進めることを通じて、目的の達成をさらに促すことができると考えられる。

　制度的な基盤整備としては、事業者に対して、信頼性に係る一定の重要な事項の開示や説明を義務づけることや、開示に向けたインセンティブの設計を行うことが必要と考えられる。従来から、各種業法等の政府が定めた法律と、規制当局による法律の執行というガバナンスモデルが実装されているが、事業者に一定のオプションを示すことで、事業者によるより自主的な取組みを促す方法も有効である。例えば、信頼の確保が企業価値や資金調達に直結するような指標を設定することで、市場の評価を喚起する等の施策が考えられる。一方で、講じられる施策が、事業者に過度な義務を課したり、IoTやデータの利活用等に対する投資意欲を必要以上に削いだりすることがないようにすべきである。制度的な基盤整備は、政府機関や業界団体、各事業者等が十分に協力して進められることが望ましい。

　本書でこれまで見てきたのは、従来からリスク管理の対象として関心が高かった安全問題や環境問題等への対応に加え、IoTやデータの利活用が進展することを見据えて、サイバーリスクへの対応も「信頼性」を構成する要素として重要な位置づけを得ているということである。自組織だけでなく取引先等の他組織も関係したサイバーリスクの問題が認識されつつある一方で、

153　制度的な基盤整備に関する本書の記述は、Society 5.0における新たなガバナンスモデル検討会「GOVERNANCE INNOVATION：Society 5.0の時代における法とアーキテクチャのリ・デザイン」2019年 を参考に記載している。

そうしたリスクへの対応は十分進んでいるとはいえない。サイバー・フィジカル・システムの活用がビジネスの重要なドライバーとなるSociety 5.0の時代に向けて、各事業者における調達担当や情報システム担当、法務部門等が連携したサプライチェーン全体でのサイバーリスク対応の取組みと、それを支援する制度的または技術的な基盤整備の取組みの双方が進められることが必要である。

Ⅱ 信頼の確保とビジネスとの関係

これまで「つながる世界」においてサプライチェーン全体で信頼を確保する方法について述べてきたが、それが単なるコスト増加であり、収益増加に結びつかないのであれば、対応の推進はあまり気が進まないものとなるかもしれない。しかし、実際は顧客との間、または取引する事業者間で信頼を確保することこそが、新たなビジネスを成功に導く重要な要因となることを認識しなければならない。

デジタル時代の競争の「第1幕」において、信頼の確保をビジネスの拡大に上手く結びつけたのは、GAFAやBATとも総称される「デジタル・プラットフォーマー」だろう[154]。本来、例えばオンラインショッピングサイトで顔の見えない、地理的にも離れた売り手と取引をするのは非常にリスクが大きいことである。注文をしたとしても売り手から商品が正しく届くとも限らない上、値段も適正に定められたものかもわからないからである。このように、売り手と買い手の間に有する情報に格差（情報の非対称性）がある場合、商品を取引する市場は、「レモン市場」となる可能性がある。「レモン」とは、米国の俗語で質の悪い中古車を指す。中古車のように、売り手と買い手の間に情報の非対称性があり、実際に購入しなければ品質がわからない商品が取引される市場は、質の悪い商品（レモン）ばかりが流通するリスクを

---

154 デジタル・プラットフォーマー（特にアリババ・グループ・ホールディングス）による信頼確保の措置やその効用に関する本書の記述は、レイチェル・ボッツマン著、関美和訳「TRUST 世界最先端の企業はいかに〈信頼〉を攻略したか」（日経BP社）2018年を参考に記載している。

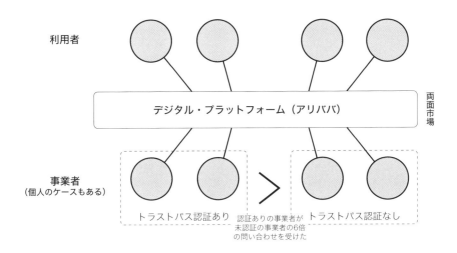

図表 終-3 デジタルビジネスにおける信頼創出とその効用に関する事例（アリババ）

利用者

デジタル・プラットフォーム（アリババ）

両面市場

事業者
（個人のケースもある）

トラストパス認証あり　　認証ありの事業者が　トラストパス認証なし
　　　　　　　　　　　未認証の事業者の6倍
　　　　　　　　　　　の問い合わせを受けた

孕んでいる。オンラインショッピングサイトは、売り手と買い手の間の情報の格差を埋め、信頼を創出する仕組みがなければ、容易にレモン市場に堕ちてしまう可能性がある。これでは、ユーザーも商品を販売する事業者側も、安心してビジネスをすることができず、プラットフォーム（市場）も十分に成長しない。

　中国でオンラインショッピングサイトを運営するアリババ・グループ・ホールディングスは、自身が運営するサイトにおける売り手と買い手双方の信頼関係を確立するために、2001年に「トラストパス」という認証サービスを導入している。売り手は、トラストパス認証を得る条件として、第三者から身元確認と銀行口座の裏付けを得ることを課されたが、一方で、アリババは売り手のブランド作りやショップの画像作りを手助けした。**図表 終-3**に示したように、トラストパス認証を受けた売り手への問い合わせは、未認証の売り手に比べて6倍にもなったとされている。信頼できる売り手の増加と可視化は、アリババのプラットフォームとしての信頼性を高め、今となってはオンラインショッピングサイトの利用を当たり前のものとする重要なファクターとなっている。

　以上の例は、個人的またはビジネス上の信頼を築く際に「人脈」が特に重

要とされる中国社会の文化的な特性を考慮して捉える必要はあるものの、新たなビジネスへの変化を加速させる際に、信頼が重要なキーファクターとなっていることをよく表している。

　一方で、信頼性を損なうことによってビジネス上の損失を被った事例からも信頼の重要性を学ぶことができる。GAFAの一角であるフェイスブック社は、利用者8700万人分の個人データが選挙コンサルティング会社のケンブリッジアナリティカ社に不正流出していたことを受けて、プライバシー管理の緩さが追及され、2019年7月に米国FTC（連邦取引委員会）から50億ドル（約5400億円）という巨額の制裁金を課されている。また、国内の事案であれば、人材採用広告／斡旋事業の大手企業が顧客企業に就活生の内定辞退予測スコアを提供していた事案も記憶に新しいところである。

　大量のデータを取り扱うビジネスには大きなチャンスもあるが、同時に大きなリスクも孕んでいる。上記の事案は、顧客や社会一般からの信頼が、新たなビジネスを創出する架橋として機能する場合がある一方で、それを損なうことがあればビジネスの拡大どころかその継続自体が危うくなるということをよく示している。

　では、デジタル時代の競争の「第2幕」たるサイバー空間とフィジカル空間が高度に融合する社会（Society 5.0）の実現に当たっても、「信頼」が重要なファクターとなるのだろうか。

　答えは、「Yes」である。デジタル時代の競争の「第2幕」では、デジタル技術が、我々の生活のより身近な領域に直接的に影響を拡大することを踏まえれば、これまでよりもさらに重要なファクターとなるかもしれない。サイバー空間とフィジカル空間が高度に融合する社会では、信頼の対象が、組織やヒトだけでなくモノやシステム（IoT機器／システム等）、データにも拡大すると考えられるが、新たな技術やそれを活用したビジネスが社会的に受容され、裾野を広げるためには信頼性を確保した上での信頼の創出と維持・向上が欠かせない。

　例えば、Society 5.0の代表的なユースケースである自動運転について国土

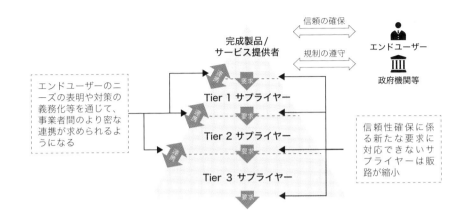

交通省が実施したアンケート調査によれば、「移動手段の充実」（40%）や「安全性の向上」（23%）という面で実現の期待が表明されている一方、サイバー攻撃や車両の暴走を含む「車両の不具合」（22%）やメンテナンスの対応（21%）というIoTの信頼性に関わるポイントが最大の懸念ポイントとなっている[155]。このような認識は、Society 5.0における他のユースケース（例：スマートホーム、スマート工場、次世代ヘルスケア）でも共通するものと推察される。また、同アンケート調査では、実際に被験者が自動運転車に乗車した後（信頼できる：42%）の方が、乗車前（信頼できる：18%）よりも自動運転技術を信頼できると回答した割合が高かったという結果が出ている。実際に身をもって安全であることを確認したことが、エンドユーザーによる技術への信頼の向上に寄与することがわかる。こうして信頼が積み重なることにより、新たな技術やビジネスは当たり前のものとなり、最終的にはなくてはならないものとなる。

　以上のようなエンドユーザーの認識は、図表 終-4のように、ユーザーに直接的に最終製品/サービスを提供する事業者を経由して、彼らに製品やサービスを提供する事業者や、製品やサービスを提供するために利活用される

155　国土交通省 道路局「中山間地域における道の駅等を拠点とした自動運転サービス 実証実験の検証状況について」2018年。

データを提供する事業者等にも信頼性の確保に関する要件を課す。

　最終的にエンドユーザーへ製品やサービスを提供する事業者（完成製品／サービス提供者）にとっては、エンドユーザーの求める信頼性がどのようなものかを把握し、適切な対応を実施、それをエンドユーザーに適切に認識してもらうことが彼らとの信頼関係の構築、ひいてはターゲットとする市場の拡大につながる。完成製品／サービス提供者にとっては、自組織が提供する製品やサービスを、エンドユーザーの信頼に足るものとすることが達成すべき目標である。ところが、自身が提供する製品やサービスの信頼性の確保を自組織だけで完結させることは不可能であるため、完成製品／サービス提供者は、製品やサービスの部品となる個々のハードウェアやソフトウェア、製品やサービスを提供するために利活用するデータというレベルでも、サプライヤー等と連携しながら信頼性を確保するインセンティブを有している。

　一方で、完成製品／サービス提供者に向けて製品やサービス（データの提供等を含む）を提供するTier 1以降のサプライヤーにとっては、取引をする完成製品／サービス提供者とエンドユーザーが求める信頼性を、自身が提供する部品やサービスで達成することが目標となる。

　当然のことだが、信頼性の確保が十分になされていない製品やサービス及び、そうした製品やサービスを提供する事業者は、ビジネスの継続に困難をきたす可能性が高い。特に、本書で中心的に述べてきたサイバーリスク対応は、従来、セーフティ（ヒトや環境、設備等に物理的な被害が及ばない）やリライアビリティ（システムやモノが指定された期間、指定された条件下で必要な機能を実行している）を信頼性の重要な要素と捉えてきた産業用機械、自動車、医療機器等のいわゆる「エッジデバイス」が「つながる世界」においても信頼を持続するにあたり、新たな懸念点となっている。

　これは従来、提供する製品やサービスにおいて、セキュリティやプライバシーへの対応を重視してこなかった事業者（特に「エッジデバイス」の部品を提供するサプライヤー）にとっては大きなピンチと直感的には捉えられるが、逆に、早期に対応すればチャンスとなる可能性もある。サプライチェーンに係るサイバーリスク対応の強化はグローバル規模の潮流であって、国際的なルールに則って信頼性を確保することは、「系列」を飛び越えてこれま

での販路を拡大するためのフックとなり得る。国や地域を問わず、誰もが信頼できる製品やサービスを求めているのだから。

　サイバーリスク対応を含めた、エンドユーザーやビジネスパートナーとの信頼関係構築・維持に向けた対策の実施を「コスト」と捉えるのではなく、将来の事業活動・成長に必須なものと位置づけて「投資」と捉えることがこれからのビジネスには必要不可欠である。

【監修者略歴】

東京電機大学 総合研究所
特別専任教授

佐々木　良一

1971（昭和46）年3月東京大学卒業。同年4月日立製作所入社。システム開発研究所にてシステム高信頼化技術、セキュリティ技術、ネットワーク管理システム等の研究開発に従事。2001（平成13）年4月より東京電機大学教授、工学博士（東京大学）。2001（平成13）年度情報処理学会論文賞受賞、2007（平成19）年総務大臣表彰など。経済産業省産業サイバーセキュリティ研究会ワーキンググループ1（制度・技術・標準化）座長。

【著者略歴】

日立コンサルティング スマート社会基盤コンサルティング第2本部
コンサルタント

木下　翔太郎

2016（平成28）年3月京都大学大学院修了。同年4月日立コンサルティング入社。公共機関向けのコンサルティング部門にて、サイバーセキュリティ関連の調査研究やセキュリティポリシーの策定等の業務に従事。ISO/IEC JTC 1/SC 27/WG 4 エキスパート。

【執筆協力者】

日立コンサルティング スマート社会基盤コンサルティング第2本部
シニアディレクター

川西　康則

日立コンサルティング スマート社会基盤コンサルティング第2本部
ディレクター

山口　信弥

「つながる世界」のサイバーリスク・マネジメント
「Society 5.0」時代のサプライチェーン戦略

2020 年 3 月 19 日発行

監修者——佐々木良一
著　者——木下翔太郎
発行者——駒橋憲一
発行所——東洋経済新報社
　　　　　〒103-8345　東京都中央区日本橋本石町 1-2-1
　　　　　電話＝東洋経済コールセンター　03(6386)1040
　　　　　https://toyokeizai.net/

装　丁…………米谷　豪
ＤＴＰ…………朝日メディアインターナショナル
印刷・製本……廣済堂
編集協力………今井章博
Printed in Japan　　　　ISBN 978-4-492-53421-2

　本書のコピー、スキャン、デジタル化等の無断複製は、著作権法上での例外である私的利用を除き
禁じられています。本書を代行業者等の第三者に依頼してコピー、スキャンやデジタル化することは、
たとえ個人や家庭内での利用であっても一切認められておりません。
　落丁・乱丁本はお取替えいたします。